Pascal Ulgach Moumba

Scandale dans mon pays

AF535175

Pascal Ulgach Moumba

Scandale dans mon pays

Éditions Muse

Imprint

Any brand names and product names mentioned in this book are subject to trademark, brand or patent protection and are trademarks or registered trademarks of their respective holders. The use of brand names, product names, common names, trade names, product descriptions etc. even without a particular marking in this work is in no way to be construed to mean that such names may be regarded as unrestricted in respect of trademark and brand protection legislation and could thus be used by anyone.

Cover image: www.ingimage.com

Publisher:
Éditions Muse
is a trademark of
Dodo Books Indian Ocean Ltd., member of the OmniScriptum S.R.L Publishing group
str. A.Russo 15, of. 61, Chisinau-2068, Republic of Moldova Europe
Printed at: see last page
ISBN: 978-620-2-29964-0

Copyright © Pascal Ulgach Moumba
Copyright © 2021 Dodo Books Indian Ocean Ltd., member of the OmniScriptum S.R.L Publishing group

À mes grands parents décédés :

MOUMBA Pascal et OZABELLE Victor

Préface

Lire c'est un bon passe-temps quand on tombe sur un livre qui vous laisse une impression agréable à la fin. De tels livres peuvent être des compagnons chaleureux au cours d'un long périple en avion, en bateau et sur route… Pour entrer dans le vif du sujet, nous avons ici un roman de caractères qui met le lecteur au cœur d'une saga familiale, pleine de suspens et d'humour, sur fond de tragédie.

Tout se déroule dans un village de l'Afrique subsaharienne, où un vieil homme lègue à la postérité un héritage hypothétique, avec des situations labyrinthiques à vous couper le souffle. Il s'agit des enfants nés de couches différentes, mais qui ne se connaissent pas, à cause de l'éloignement géographique et du manque de communication entre eux. Au centre de ce récit se trouve Emile, le jeune prêtre, promis à un destin heureux, dont la vie connaîtra à la chute du roman, une fin dramatique pour des raisons d'ambitions égoïstes, d'incestes et de crimes au sein de sa famille.

Ce roman dévoile des scandales courants et souvent couverts dans chaque société. Chaque lecteur, quelle que soit son pays d'origine, trouvera certainement un scénario ou un fait, ou encore quelques traits de caractères identiques aux anecdotes qui lui sont familières. Au fil des pages, la peinture suave des événements, avec des intrigues enchevêtrées, vous donne l'envie d'aller jusqu'au bout du récit comme si on suivait une série télévisée aux épisodes romantiques et croustillantes.

A l'image de la célèbre série « Les oiseaux se cachent pour mourir », *Scandale dans mon pays* est un roman propice à une adaptation cinématographique. De langage limpide et de style réaliste, ce premier livre à effet de fiction de Pascal Ulgach Moumba est un véritable chef d'œuvre. Sa composition reflète les grands classiques de la littérature africaine francophone. Celle des pionniers tels que Zamenga Batukezanga, Guillaume Oyono Mbia, Guy Menga… une forme d'écriture devenue assez rare auprès des jeunes écrivains. L'auteur a donc le mérite de nous faire revivre la nostalgie des romans de style balzacien.

L'ouvrage, dans son ensemble, soulève des problèmes sociétaux majeurs qui interpellent les contemporains : la division des familles, les problèmes d'héritage, la maltraitance des veuves, la polygamie, le trafic d'influence, etc. Mais à côté de ce sombre tableau, le narrateur nous livre aussi des personnages repères, gardiens de l'équilibre moral de la société.

« *Nous avons appris à voler dans les airs comme des oiseaux, à nager dans les océans comme des poissons. Mais nous n'avons pas encore appris à marcher sur terre comme des frères* », ce constat amer de Martin Luther King trouve un écho à travers ce roman qui invite, indirectement, à l'altruisme, au dialogue et à une cohabitation pacifique dans les familles et dans la société.

Aubin Banzouzi

Critique littéraire, Ecrivain et Enseignant de lettres modernes

I

Le soleil commençait son ascension vers l'Est. Peu après, il propulsait lentement et assurément ses rayons sur la belle terre du district de lifoura-mba. Biala, un petit village, s'animait aux sons des tambours et des danses d'une jeunesse enthousiaste et dynamique qui s'adonnait à cœur plein à l'élevage, à l'agriculture et à la pêche. Ces activités faisaient de Biala un centre cosmopolite au cœur des activités économiques incontestables. Le pétrole, le bois, l'or et le cuivre faisaient la fierté de ce beau village. Les sociétés de raffinerie pétrolière y compris le trafic illimité du bois étaient sous contrôle des ressortissants européens. De nombreux jeunes avaient le regard tourné vers la pêche, la chasse, et quelquefois, s'émerveillaient à la vente des produits illicites. Plusieurs entreprises de transformation du bois, les services d'éco-gardes, les services d'entretien routier, les écoles et les dépôts pharmaceutiques étaient entre les mains des étrangers. Sur cette terre, riche en forêt et savane, les femmes, se donnaient plus aux champs qu'à d'autres activités. Biala ne pouvait espérer en ses vieillards fatigués, fourbus par le poids de l'âge, et qui avaient sur leur conscience le poids de leur jeunesse pleine d'échecs. Ces vieillards s'adossaient paresseusement, à longueur de journée sur des chaises faites de peaux de panthère, attendant impatiemment le retour de leurs compagnes pour déguster la sauce du soir. Le soleil qui venait d'atteindre l'horizon scintillait dans un firmament exsangue de nuages. Sa lumière, à l'instar des oiseaux errants, émerveillait le coq de la cour de Kolo lopango qui, ne pouvant résister à cette grâce, fit entendre sa belle voix, faisant penser à un splendide début de journée. De loin, seul le clocher de la grande église pouvait rappeler aux convertis leur rendez-vous avec le Tout-puissant. Dans cette atmosphère, l'ambiance journalière faisait quelquefois place aux retrouvailles des habitants de Biala, autour des danses, des chants et des contes lorsque disparait à l'Ouest, le fameux soleil. A la tombée de la nuit, un grand feu sur la principale de Biala faisait voler la belle voix de Gelina jusqu'aux extrémités de la case de kolo lopango. L'écho qui résonnait sur le toit de ce vieillard endormi sur sa chaise ne pouvait l'empêcher de s'approcher de cette jeune fille. Kolo lopango s'était marié auparavant et n'avait eu que de jeunes filles. Devant les taquineries de ses collègues, il rompit avec son épouse et opta pour le célibat. Mais, ce jour, la voix de Gelina fit bousculer son cœur et renverser sa décision. Il mit en jeu tout ce qu'il avait à sa disposition pour faire d'elle sa compagne. Peu de temps après, sous un climat de cohésion et d'harmonie, la jeune fille devint grosse de Kolo lopango, ce qui laissa stupéfaite toute la cavalerie de ces vieillards qui n'attendaient que mésentente entre les deux amoureux après leur union. Quelques mois passèrent lorsque, kolo lopango recru de fatigue et assis dans sa chaise, suivait

– Ah ! si j'étais docteur ! Si j'avais accepté cette suggestion des sœurs, j'aurais certainement sauvé la vie à ma tendre mère ! pensa-t-elle

Dans son adolescence, un jeune docteur orthopédiste lui aurait dit la même chose. Ce docteur, attentionné accordait beaucoup d'intérêts à ses malades. Il leur parlait avec émerveillement de son métier, de ses angoisses, de ses échecs, de ses succès et de son bonheur. Tous ceux qui se rendaient à son bureau, ne voulaient plus y ressortir. Pour Dorcas, le mépris de la médecine commença le jour où elle vit cet orthopédiste à pied d'œuvre traitant la prothèse de genou d'un des patients. Après ses vœux définitifs, elle revint sur sa décision et pensa étudier la médecine parce que se sentant coupable de la disparition de sa mère.

– Veillez, chers messieurs, nous laisser tous seuls ! Chuchota le prêtre
– Padre Lorenzo, sauvez ma famille, s'écriât kolo lopango d'une voix forte

Le soleil se faisait déjà remarquer à l'horizon, ses rayons surchauffaient le sol, aucun enfant ne trouva plaisir à se lier d'amitié avec le sable. Dans l'écho que résonnait les habitudes de Biala, on pouvait entendre des marmites ovationner cette voix masculine qui s'était échappée de la bouche de kolo lopango. Ancien menuisier et charpentier de formation, et affairiste, il se mit à penser à Padre Lorenzo, cet étranger des terres lointaines qui traversa océans et rivières, s'intériorisait le patrimoine historique d'une Afrique riche et solitaire, voilée aux efforts sans prix. Puis fit-il entendre d'une voix fine : Si seulement mon enfant pouvait être un garçon ! Quelques heures s'écoulèrent jusqu'au moment où s'ouvrit la porte dévoilant ainsi le visage radieux du jeune prêtre. Kolo lopango se précipita à sa rencontre et découvrit les rides ineffables de Padre Lorenzo qui trahissaient déjà les ovations de Mâ Nguelè.

– Monsieur, annonçait Padre Lorenzo, nos cœurs ont été consolés et nos tristesses effacées. Votre femme vous a fait honneur. Votre mignon garçon se porte très bien. Nous devons nous mettre en route et très bientôt nous reviendrons vous visiter.

Le sourire de papa le blanc ne fut qu'émotion de voir enfin son frère être géniteur d'un petit mignon garçon. Le retour de Lorenzo et son équipe fut préparé avec noblesse. Dans son véhicule, on pouvait constater des fruits de tout genre et quelques espèces d'animaux. La gentillesse de Gélina fut émotionnelle. Elle se prosterna devant la bravoure de Lorenzo et celle des deux nonnes.

– Merci, mon Père, mes sœurs ! Vous serez toujours la bienvenue chez nous. Merci de m'avoir sauvé la vie. Que le Dieu vivant vous protège pendant votre voyage.

Après cet échange, l'équipe de Lorenzo se mit en route pour le séminaire. Chez Kolo Lopango, une grande fête fut organisée pour la circonstance et la nouvelle se répandit dans tout le village. Léa, première épouse de kolo lopango avait elle aussi apprit cette nouvelle et se sentit complètement déboussolée de ne pas avoir donné un garçon à son époux. Très rapidement la jalousie rangea son cœur et la haine devenait son miroir quotidien. Pendant la fête, tout le monde avait compris que le cercle de la famille s'était agrandi.

Quelques années plus tard, Gelina et son fils entretenaient les trois hectares de kolo lopango lorsque le véhicule de Lorenzo y passait. Ils se rendirent rapidement au village pour son accueil. Le jeune homme savait que son père ne pouvait plus désormais s'atteler à certaines activités épuisantes à cause de sa vieillesse. L'impératif était de taille, il fallait donc suppléer à son absence et se comporter en homme pour hériter de son père. L'accueil de Lorenzo était bel et bien chaleureux mais se fera sans le visage contemplatif de Mâ Nguele, cette vieille femme qui avait sauvé la vie à Gelina et de son fils, foudroyée sous une pluie diluvienne et retrouvée morte, calcinée dans sa casse. Elle fut mise à terre quelques mois seulement avant la visite de ce prêtre.

– Mbote na bino banso, dit le père Lorenzo.
– Mbote sango mokonzi, répondit la famille de kolo lopango.

Le Jeune prêtre fit son entrée dans la hutte et trouva assis Gelina et son fils. Le caressant, il ne résista pas de dire : qu'il est tout beau ! Voyez qu'il est grand maintenant !

Le prenant dans ses bras, il s'adressa aux époux : Quel nom lui aviez-vous donné ? Les deux époux se regardèrent l'un à autre et aucun d'eux ne semblait dire quelque chose. Car, jusque-là leur unique fils ne se faisait appelé que mwana kolo lopango. Devant ce mutisme exagéré, Gelina prit la parole.

– Il revient à l'homme de décider du nom que doit porter son enfant. Depuis l'arrivée au monde de ce jeune garçon, l'attitude de mon époux a changé sans entrave. Je le sens à chaque instant quand mes yeux tombent sur les siens. Mon homme, toujours prêt à vous lister les noms de ses aïeux, n'est plus le même aujourd'hui, Padre Lorenzo.

– C'est juste, sango, Gelina n'a pas tort, surgit kolo lopango. Divers noms semblent me retenir prisonnier. Mais aucun d'eux ne me parait convaincant. Chaque fois que je regarde ce petit garçon, j'essaie de trouver un nom qui me parait heureux, mais son visage m'oppose un refus. Mon esprit ne peut me tromper. Je le crois. Vous pouvez sans doute nous aider. N'est-il pas le plus beau cadeau que nous voulons vous offrir ?

– Vous n'aviez aucune dette envers moi, Kolo lopango. Retenez qu'avant tout, j'accomplis une action de bienfaisance, en conformité avec ce que j'ai toujours voulu faire dans ma vie. Seul le Tout-Puissant me récompensera un jour.

C'est très étrange Père Lorenzo ! Pensa Gelina. Le prêtre resta pensif et le calme gagna toute la pièce. Peu après, tout fut dévoilé :

– Appelons-le Emile. Je sais qu'il saura se battre comme son père et aidera ses confrères à évoluer dans la vie. C'est ainsi que ce jeune garçon prit désormais le nom d'Emile et se fit connaitre par tous.

Le soir arrivé, Padre Lorenzo regagna le séminaire, tout en promettant revenir encore un jour rendre visite au petit Emile et à sa famille. La proximité que dévoilait Lorenzo à l'égard de celui qu'il venait de nommer Emile était une ébauche à la vie fascinante que ce prêtre de Saint Pie X avait créée dans l'esprit de kolo lopango et de son épouse.

– Oui, mon fils deviendra un jour : père Emile. Je le sens dès que je le croise, depuis son arrivée j'ai ce pressentiment. Tout le village me traitera désormais avec des égards dus à mon rang de premier père d'un prêtre de notre beau village.

Quelques années passèrent. Treize ans après la dernière visite de Lorenzo chez kolo lopango, Emile était devenu la fierté de ses parents. Travailleur, humble, sociable et attentionné, il ne manquait à aucune activité qui réunissait une fois le mois, tous les jeunes du village. Sa gentillesse ainsi que la belle voix de sa maman qu'il a héritée lui faisaient attirer toutes les belles jeunes filles de Biala et son ouverture lui valait l'admiration des sages du village. Très tôt, il devint catéchiste dans son village et ses enseignements ne tardèrent à faire écho dans les communautés voisines. Chaque vacance qui passa, Padre Lorenzo le faisait venir au séminaire Saint Pie X pour y passer quelques temps de détente. C'est dans cet espace humainement silencieux, naturellement priant qu'Emile découvrit l'atmosphère de joie, d'intimité et de cohabitation qui y régnait. Ce petit temps de détente avec les prêtres connut une réciprocité. Son courage et son service à la communauté ne pouvaient laisser indifférents les prêtres de Saint Pie X qui avaient formulé le souhait de le voir prêtre un jour. C'est dans cet espace réservé, un monde à part, dont seul le chant des oiseaux faisaient penser à la mélancolie du dehors, comme pour rappeler que la vie est un choix et non une contrainte, dans cet espace où l'amour, le bon sens, la joie, la paix supplantaient les viles mesquineries, les commérages, les médisances et la haine que le jeune homme commença à s'insérer. Son esprit lui demandait de vite donner son approbation aux pères qui le sollicitaient déjà. Cette idée de se laisser faire devint presque une hantise. Un jour de son anniversaire de naissance, après avoir beaucoup hésité, il finit par dire :

– Ferez-vous Padre Lorenzo, ce que pensent souvent les autres prêtres ?
– Que pensent-ils, Emile ?
– Que je serai prêtre comme vous ?

S'attendait-il à une question de ce genre ? Probablement. En effet, en quittant le séminaire, Padre Lorenzo remarqua le visage du jeune homme se rembrunir. Il voulait lui parler, mais paraissait beaucoup hésitant. Tout au long du trajet, le jeune homme n'avait cessé de le regarder avant de contempler le beau paysage qui s'éloignait lentement de ses yeux. Ses paupières à l'expression enfantine, semblait traduire quelque chose. Mais la gorge nouée, aucun son n'était sorti de sa bouche. Padre Lorenzo, feignant l'inattention, souriait sur le volant de son véhicule. Enfin, il s'était décidé, mais à quel prix ? Padre Lorenzo qui n'était pas surpris, lui dit :

– Si tu veux, Emile.
– Mais, je le veux bien, Padre Lorenzo !
– Ce n'est pas ce que je veux dire, mon petit, répondit calmement Lorenzo.

Le véhicule roulait lentement sur un tronçon accidenté, faisant dodeliner les têtes de ses passagers. La route serpentait sur une vingtaine de mètres avant d'aborder une montagne. La voix du prêtre se fit pressante, très fine et tendre :

– Voudrais-tu vraiment devenir prêtre ?

– En effet, Padre Lorenzo ! J'ai beaucoup appris auprès de vous et je sais que j'irai jusqu'au bout.

– La vie est un choix mon garçon. Mais c'est beaucoup plus sérieux que ce que tu penses. C'est une vie de renoncement à tout. Ce n'est pas si facile qu'on peut l'imaginer, à cause de notre condition humaine. C'est une vie difficile qui n'est pas à prendre pour une promotion sociale, elle n'est pas rentable et ne demande que de se sacrifier. Une vie dans laquelle tu ne rencontreras pas que bonheur, joie et paix, mais surtout, l'ingratitude, les scandales, le mensonge, la haine, la jalousie et la médisance. Pour ma part, je reste optimiste que tu réussiras un jour et ensemble, nous présiderons en son honneur.

– Merci de tout cœur Padre Lorenzo. Je compte sur vous pour m'aider à faire mes premiers pas dans cette nouvelle vie à laquelle j'aspire.

A quelques dizaines de mètres de l'entrée du village, Lorenzo fit un stop, puis s'adressa à Emile : Tiens mon garçon, je crois que je dois te déposer ici. Prends encore un peu plus de temps et prie Dieu qu'il te montre quelle est ta vraie vocation.

Les deux amis se séparèrent par une prière suivie d'une bénédiction de Lorenzo.

Cinq ans plus tard, Emile devint homme. Il obtint son baccalauréat littéraire au lycée Champagnat avec mention très bien. A dix huit ans, il pouvait déjà admirer son magnifique corps en plein changement. Sa beauté semblait liée à sa gentillesse ; sa poitrine bombée faisait les éloges de Mike Tyson. Son physique bien planifié ne cessait d'attirer que d'admirations.

Un matin du mois de Septembre, Padre Lorenzo, devenu vicaire général, du diocèse de lifoura-mba, accompagné d'un jeune séminariste, vinrent rendre visite à la famille d'Emile. Ce dernier, les vit et se précipita à leur rencontre. Lorenzo et le séminariste étaient habillés d'une soutane blanche chacun. A quelques différences près, le séminariste avait pris le soin de mettre sa bande de chasteté y compris sa barrette noire. L'arrivée impromptue de ce séminariste en compagnie de Lorenzo avait surpris Kolo lopango âgé de soixante seize ans déjà. Sans broncher, il fixa le nouveau venu qui semblait lui transmettre un message. Kolo lopango les invita à prendre place. Pendant que ça discutait entre eux, le jeune séminariste portait beaucoup plus son attention sur le jeune Emile. De temps en temps Lorenzo promenait ses yeux sur Kolo lopango et Gelina. Rompant le silence qui commençait à sillonner déjà dans la caisse, Lorenzo, prit la parole :

– Kolo Lopango, nous sommes venus traiter d'un problème dont vous seul pourrez nous aider à trouver une solution.

Il lisait l'impatience de Kolo lopango et des siens. Puis il poursuivit :

– La voix de Dieu s'est fait entendre une fois de plus et, c'est votre maison qui en a eu l'insigne privilège. C'est au nom de Dieu qui nous a créés que nous venons à vous. Vous avez une créature toute particulière qui sert avec enthousiasme et fidélité son Dieu. Les prêtres du diocèse de lifoura-mba en parlent quotidiennement. Nous estimons que l'œuvre à accomplir par ce jeune homme envers son Créateur est encore immense. Le diocèse de lifoura-mba dont je suis chargé du personnel manifeste un besoin de serviteurs. Nous pensons que votre fils Emile répondrait à nos attentes.

Le coup fut porté au cœur de kolo lopango. A sa joie, se mêla un sentiment de désespoir. Joie de voir enfin son rêve de tout temps se réaliser. Ne pensait-il pas mettre son fils au service du Seigneur et être un jour appelé Père Emile ? Désespoir parce que kolo lopango et Gelina, se voyaient par cette occasion, séparés de leur fils unique, celui dont tout le village admirait la beauté et les qualités. Ils avaient certainement pensé voir Emile leur donner des petits-fils. Dans un vif effort pourtant, kolo lopango parvint à dire :

– Padre Lorenzo, si tel est l'appel du Seigneur, prenez l'abbé Emile sans que je m'y oppose. Ne pensais-je pas le mettre au service du Seigneur ?

Il l'avait appelé de façon officielle et pour la première fois, abbé Emile. Son visage était sans expression. Traduisait-il la joie ou la tristesse qui morfondait son cœur ? Gelina, elle avait acquiescé par un petit geste de tête, s'abstenant de dire un seul mot. Elle savait qu'elle ne pouvait rien dire devant son homme, le maitre de la maison. Son avis était important mais pouvait ne pas être pris en compte.

Emile, lui, resta dans les bras de sa mère et silencieux, il ne put contenir longtemps sa joie, heureux de la bénédiction que venait de lui donner son père. Il s'en alla saluer Lorenzo et puis, jetant un regard vers son père, il versa quelques gouttes et pensa aux bons moments passés en compagnie de ce dernier.

Lorenzo fit un geste de reconnaissance en saluant le jeune homme déjà au comble.

– Emile, mon frère, prépare-toi, car, tu rejoindras les autres au séminaire le moment opportun. Nous t'avions assez suivi, cher ami il nous faut encore un peu plus de temps pour te préparer à entrer dans cette nouvelle étape de vie. Nous reviendrons te chercher dans peu de temps, ceci pour te permettre de rester encore un moment avec tes parents. N'oublies surtout pas qu'il s'agit d'une vie difficile et non rentable, lui rappela Padre Lorenzo satisfait de la réussite de leur visite chez kolo lopango.

Les deux visiteurs quittèrent le village. Une nouvelle ère venait alors de commencer pour Emile. Il rêvait déjà de la soutane de ce jeune séminariste qui l'attirait tant. Malheureusement, il lui faudrait encore quelques années pour la revêtir. L'image du grand séminaire qu'il avait tant entendu et visité, lui revenait en mémoire et commençait à l'obséder. Le séminariste qui avait accompagné Lorenzo, s'était montré doux à son égard. Que des idées défilaient dans sa tête. Il finit par se convaincre qu'il se familiariserait très vite une fois au séminaire.

Au bout de quelques mois, Rome venait de choisir comme prélat de lifouramba, Padre Lorenzo qui n'hésita pas de dépêcher deux autres prêtres et le jeune séminariste qui l'avait accompagné, chez kolo lopango. A leur arrivée, kolo lopango se montrait beaucoup plus influent car, aucun d'eux n'avait quelque chose de prêtre sur lui. La méfiance s'installa et le refus de céder Emile s'imposa. Seul le jeune séminariste qui était en soutane noire pouvait faire comprendre à kolo lopango qu'ils étaient envoyés par Monseigneur Lorenzo. Le vieux, âgé, ne comprenait rien de celui qu'on pouvait appeler Monseigneur Lorenzo sinon que Padre Lorenzo. Ce fut quelque chose de difficile mais qui s'est soldé par une entente.

Enfin, le grand jour était arrivé pour Emile. Après un temps d'échanges, le père Frejus, dénoua la mésentente puis se tourna vers le jeune homme et lui dit :

- Es-tu prêt mon frère ?
- Bien sur que oui, mon Père.

Les amis d'Emile vinrent lui donner un coup de mains afin de ranger ses affaires dans le véhicule qui attendait patiemment à l'entrée de la casse de kolo lopango.

Le prenant dans ses bras, Gelina ne résista pas à montrer son amour de mère qui désormais la laisserait toute seule devant ce vieillard, fourbus par le poids de l'âge et qui périssait à petit feu, elle pleura et fit entendre à son fils :

– Vas, mon amour de fils. Tu me manqueras certainement, mais tu seras plus proche de mon cœur. J'ai fait de toi ce qu'une mère digne et fidèle peut faire à son unique fils. Aujourd'hui je m'estime heureuse d'avoir un fils comme toi, qui a su donner de la valeur à sa famille. Le choix du Tout-Puissant sur ta personne n'est pas le fait d'un hasard. Il avait été précédé de signes avant-coureurs pendant que je te portais dans mon ventre. Ma seule joie est de savoir que tu es désormais au service de Dieu. Ce n'est pas une perte pour moi. Mais je crois qu'il te donnera une petite sœur. Vas, ce que tu pourras faire, fais-le, ce que tu ne pourras faire, le Seigneur te donnera la force de le faire.

Vint le tour de kolo lopango. Sa voix rock et presque malade ne le permit pas de hausser le ton. Il toussota et fit entendre :

– Père Emile, je suis content que le Seigneur t'ait appelé à son service. Désormais, tu es consacré à Dieu. Que puis-je, moi qui suis déjà assez vieux, sinon que me soumettre à sa volonté ? Par toi, je suis un homme comblé et respecté dans le village. J'espère que la maladie m'accordera le privilège de participer un jour à ta messe. Que le Seigneur t'accompagne et que ma bénédiction soit avec toi.

Emile embrassa ses parents. Quelques larmes coulèrent de ses yeux. Embarrassé, il ne savait que dire à ces êtres chers, partagés entre l'émotion et le désespoir d'une séparation douloureuse.

– Il est temps mon frère Emile. Lui rappela le père Fréjus d'origine béninoise.

Le véhicule transportant Emile disparut à l'horizon, derrière un nuage de poussière. Il partit pour l'évêché de Lifoura-mba avant de se rendre au grand séminaire, sous les regards encore incrédules de kolo lopango et de Gelina.

II

Devenu plus tard archidiocèse, lifoura-mba comptait soixante douze prêtres dont une vingtaine œuvrant à l'extérieur et une quarantaine à l'intérieur. L'arrivée de Monseigneur Lorenzo fut un espoir pour les clercs œuvrant dans ce diocèse. L'archidiocèse avait une trentaine de paroisses et quelques communautés religieuses. Le prédécesseur de Monseigneur Lorenzo avait confié la paroisse Sainte Rita sous la responsabilité des frères mineurs. Cette paroisse était la plus grande de l'archidiocèse. Son clocher, baptisé Père Joseph Letsaka, résonnait à plus de vingt kilomètres et son écho ne laissait indifférents les fidèles du Christ qui venaient contempler la beauté de la Vierge Marie placée sous le toit de la chapelle. Le père Jean-jean, supérieur de la communauté et responsable de la paroisse était le premier curé à être installé par l'archevêque de Lifoura-mba. A cette grande cérémonie assistèrent les religieux et quelques membres du clergé. L'abbé Raoul, frère ainé de Léa, avait lui aussi prit part à la cérémonie. Ordonné prêtre à vingt six ans, il n'a travaillé que deux mois dans l'une des paroisses de lifoura-mba avant de se rendre à Genève. Monseigneur Lorenzo tenait à ce que Emile devienne le tout premier prêtre de Biala. Il le confia à cet effet à l'économe diocésain qui devrait se charger de préparer sa rentrée au grand séminaire. Celui-ci le mit à la disposition de l'abbé Raoul.

Quelques années auparavant, un conflit naquit entre papa Elombé, père de Gélina et monsieur Paul, de qui naquirent Léa et Raoul. Les barrières furent érigées entre descendance. Ce conflit devenait de plus en plus intense lorsque Léa et Raoul, devenus adultes, apprirent ce qui s'était passé. Papa Elombé et monsieur Paul, deux amis inséparablement liés qui, bon gré mal gré se soutenaient aussi bien dans le pire que dans le meilleur. Leur amitié gagnait la confiance des habitants de Biala, deux fils du coin qui certainement représenteraient les couleurs de ce petit village au niveau national. La situation devenait de plus en plus tendue lorsque monsieur Nelly Yopoungou, député de Biala, possédant une bourse d'étude pour l'Autriche, avait souhaité la mettre en faveur d'un des fils de sa contrée. Cette nouvelle parvint aux oreilles de monsieur Paul qui se dépêcha d'envoyer le nom de son fils Raoul. Madame Rachelle yopoungou née Rachelle Ibaga, en plus de son intimité avec Nelly Yopoungou, entretenait une union illégale avec papa Elombé qui, d'un temps à l'autre, se rendait à la ville capitale en l'absence de monsieur Nelly pour satisfaire charnellement celle qui était désormais sa concubine. Elle avait suivi la conversation de son époux traitant d'une affaire liée à une bourse d'études pour l'Autriche et décida de persuader de tous les moyens possibles son aimant à ne pas considérer Raoul comme étant bénéficiaire de cette bourse. Elle avait usé de son pouvoir de femme à faire disparaitre ce fameux nom au profit de Djoly, fils de papa Elombé et frère ainé de Gelina. Pendant que Raoul se tenait prêt à effectuer son tout premier voyage en terre étrangère, monsieur Paul reçut un appel teinté de diplomatie, lui annonçant que la bourse avait été octroyée en faveur de Djoly et non de Raoul. Il en fut amorti et déconnecté de la réalité. Léa qui s'exaltait de son frère, décida de se lancer dans un conflit avec papa Elombé et sa descendance. L'intimité entre madame Rachelle Yopoungou et papa Elombé était connue de monsieur Paul. Il décida d'en faire un secret, opta pour la solitude et devint méfiant vis-à-vis de tous.

Quelques années plus tard, monsieur Paul victime d'un accident de circulation, succomba dans le lit de l'hôpital suite à une hémorragie interne. A ses obsèques, Léa devenue mère de famille, interdit à ses filles de ne tendre la main à papa Elombé qui s'était même abstenu de se rendre aux funérailles de son ami de tout temps. Seule Gelina en avait pris part. Sa présence mit en colère Léa qui s'en alla épauler Raoul de pourchasser la jeune fille. Etonné de sa compassion et informée de ce qui devrait se faire, Gelina fut avertie par Eliane, benjamine de monsieur Paul. Raoul la fit chercher de partout et ne la trouva nulle part. De son union avec kolo lopango, Léa s'en alla dénigrer son époux de son incapacité à lui faire des garçons. Il devenait trop vieux pour elle. Ce qui mit en colère kolo lopango qui rapporta les faits à sa belle famille. Quelques jours plus tard, il voulut en faire scandale mais fut rattrapé par Mâ Nguele. Devenu amoureux de Gelina, la nouvelle s'était répandue de partout et Léa devint de plus en plus furieuse, et se précipita d'en informer à son frère Raoul afin d'empêcher cette union. Kolo lopango avait décidé que le mariage ait lieu à Mambili son village natale en présence de ses parents et de quelques invités de papa Elombé. Sa nouvelle épouse y resta jusqu'à son huitième mois de grossesse et ne revint à Biala que pour son accouchement. Papa Elombé et ses enfants devinrent amers aux yeux de Léa et Raoul.

Le temps s'envolait à la vitesse d'une fusée pendant que Raoul et Emile ne s'étaient pas encore dévoilés. La cérémonie fut achevée et les deux se mirent en route pour l'évêché de lifoura-mba. Les alentours de cet évêché présentaient un décor fleurissant. De belles maisons, une chapelle dont la décoration externe dévoilait sa beauté intérieure, une cour gigantesque pavée harmonieusement sous proposition de Monseigneur Lorenzo, un parking externe qui profitait aux riverains et un parking interne réservé au clergé, un podium fait glorieusement sans résistance dont le plafond exposait la Cène du Christ avec ses Apôtres, son presbytère à haut niveau donnait l'impression de séjourner à Rome. Il était constitué d'une bibliothèque sous la surveillance des sœurs, et d'une petite bibliothèque réservée à l'évêque, d'une salle de réunion, d'une salle informatique équipée d'un réseau wifi, d'une salle de sport, d'un réfectoire et d'une terrasse qui formaient ce lieu pittoresque. C'était là la nouvelle habitation ad tempus d'Emile. A son arrivée, il reçut un accueil très angélique, et le sourire fut à son comble. Le lendemain il prit connaissance de l'évêché et ses alentours. L'abbé Raoul lui confia quelques responsabilités au sein de la maison y compris la gestion des bêtes. Sa gentillesse ne le fit rencontrer aucun obstacle. Peu de temps après son arrivée, il devint le plus connu de tous. Emile fut d'abord aspirant avant de débuter sa propédeutique, puis la philosophe et vint en stage inter-cycle où il apprit ce qui se passait entre son grand père, Léa et l'abbé Raoul. Dans une correspondance adressée par sa mère, Emile découvrit que s'il se dévoilait à l'abbé Raoul, celui-ci avec le concours de sa sœur Léa, était capable de tout faire contre sa réussite. Il garda alors le silence et se réservait de dévoiler le nom de sa tendre mère.

Monseigneur Lorenzo, en congés de convalescence avait décidé de nommer l'abbé Raoul vicaire général chargé du personnel et responsable de la formation permanente. Le Père Jean-jean devint alors son chancelier. Au terme de sa formation quatre ans plus tard, Emile devint diacre, et enfin prêtre et fit serment d'obéissance et s'engagea au célibat. Agé de vingt cinq ans, il devint le plus jeune prêtre du diocèse de lifoura-mba. Ses ainés prêtres l'aidèrent à faire ses premiers pas dans cette nouvelle vie à la fois difficile et noble. Entré désormais dans le cercle des clercs, il faisait la fierté de Monseigneur Lorenzo qui l'avait tant soutenu. Toujours souriant, il devenait progressivement la petite étoile brillante parmi les grandes. Il n'oublia aucune parole sage de ses parents au moment de son départ pour le séminaire. Il se rappela ce que lui disait sa tendre mère, la vie est un choix. Quelque soit la difficulté, on a toujours un choix à faire. Et le sien a été fait. Emile se rappelait cette journée historique où ses parents versèrent de larmes avant son départ. Ce jour lui revenait souvent à l'esprit et redoublait sa volonté à servir le Seigneur. Il avait de la passion pour les langues étrangères, l'informatique, l'enseignement et se mettait beaucoup plus au chevet des malades qu'il visita quotidiennement. Son affabilité, sa bonté, sa dévotion, sa simplicité, son amour envers la jeunesse et tous ceux qui l'entouraient firent de lui une icône remarquable dans le diocèse. Il se retrouvait quelquefois seul dans l'espace de la paroisse où il fut affecté comme vicaire. A cet instant, toutes les interrogations de la vie lui surchargeaient la tête et il réfléchissait en homo sapiens. L'endroit était certes troublé par le gazouillement d'oiseaux et par le babillage des perroquets. Les belles fleures du jardin couvertes des roses offraient une vue exotique agréable et romantique. Attiré par la splendide chaise, voisine de la chapelle, il y passa le plus de temps avalé par le décor merveilleux de la grotte d'à-côté, perdu dans ses pensées, il y prenait place dans une attitude d'humilité et de recueillement. Très rapidement, il fit sortir de ses poches, un chapelet doré et se mit à réciter le credo, suivit du pater et enfin le salve puis finissait son chapelet par une prière spontanée.

Quelques fidèles reconnurent en lui les qualités susmentionnées. Son attitude et sa renommée commencèrent à déranger quelques-uns qui ne virent en lui qu'un hypocrite déguisé, d'une gentillesse de façade. Il n'avait perdu aucune parcelle de sa beauté d'enfance. A vingt six ans, il était rayonnant de fraicheur juvénile sous sa belle soutane blanche. Sa voix défiait les cœurs faibles, son physique mettait en mal les regards impuissants, ses yeux fins dérangeaient certaines créatures sensibles. Parfois, il se demandait si ces qualités ne pouvaient pas être source de malheur.

Lifoura-mba fut pris en otage par un climat menaçant qui fit disparaitre les nuages dans le ciel. D'un seul coup, tout fut dans le noir, les arbres de la paroisse pouvaient rappeler à l'abbé Emile la mélancolie qui sillonnait déjà aux alentours de sa tendre chaise qu'il aimait tant. Il avait un cœur remplit d'amertume, envahit par le désarroi. La signalisation mobile avait fait défaillance à cause du mauvais temps. Il se promenait dans un mouvement de va et vient sur le couloir qui mène à l'oratoire. Le curé ne pouvait que comprendre l'attitude de son jeune prêtre à cause de sa posture. Il lui fit appel et lui demanda ce qui n'allait pas.

- Je ne comprends rien du tout mon père, lui répondit l'abbé Emile
- Repose-toi mon cher abbé, et rassure-toi de m'informer si jamais il y'a un problème.

Au sortir du bureau du curé de la paroisse, l'abbé Emile vit une jeune dame venir à lui et lui remit une convocation du commissariat de police de lifoura-mba.

- Qu'y a-t-il Madame ?

- Aucune idée mon père. Le commissaire m'a demandé de vous la transmettre.

- N'est-ce pas une convocation ? Qu'ai-je fait pour être convoqué ?

Deux jours passèrent lorsque l'abbé Emile, accompagné de son curé se rendirent à leur rendez-vous. Le sergent Samy les conduisit chez le commissaire où la discussion commença sans encombre.

– L'abbé Emile, savez-vous le pourquoi de votre présence ici ? Lui demanda le commissaire avec un sourire très ineffable.
– Que se passe-t-il mon commissaire ?
– Vous êtes accusé d'avoir abusé d'une jeune fille de vingt ans et d'atteinte à son intégrité physique. La plainte a été déposée il y'a trois jours dans les locaux de notre commissariat.

– Je ne comprends toujours pas de quoi voudriez-vous parler, je ne me retrouve pas dans cette situation d'abus et ne reconnais pas la victime.

– Nous tenons compte de votre franchise et nous vous demandons de repasser d'ici peu pour une confrontation avec la victime.

III

Monseigneur Lorenzo n'était pas informé de la situation, ni l'abbé Raoul encore moins le père Jean-jean. L'abbé Emile s'était noyé dans un océan de questions auxquelles il n'avait toujours pas de réponses. Son attitude était toujours la même, malgré ses accusations, il ne perdit pas ses habitudes quotidiennes.

Quelques jours passèrent, l'abbé Emile et son curé quittèrent la paroisse dans un véhicule de marque Toyota pour se rendre à leur rendez-vous avec le commissaire. En route, le curé s'était montré très attentionné à l'endroit de son vicaire. Il se disait certainement que cette accusation n'était que fausse et ne pouvait qu'être une mise en scène, une histoire qui à son avis serait classée sans suite. Dans le véhicule, ils parlaient, riaient et se racontaient des histoires, ce qui détendait l'atmosphère. Après deux heures de route, ils arrivèrent enfin au commissariat de lifoura-mba où devrait avoir lieu la rencontre entre le présumé coupable, la victime et le commissaire. Le commissariat de police était situé à Mbalé, l'un des quartiers de lifoura-mba. Le commissaire, le capitaine Boudica, avait une barbe teintée en blanc, ses cheveux argentés et sa nuque pointue lui donnaient une soixantaine d'années d'existence. Il avait les allures d'un boxeur imbattable et parlait d'un ton fort. Lorsqu'il se mettait en colère, ses subalternes n'avaient qu'apprendre la poudre d'escampette. Recruté sous le nom de Liboundou Jean-Pierre, son courage et sa témérité lui avaient fait attribuer le nom de boudica. Il ne reculait devant rien et concrétisait toujours ses projets. Il fut muté à Mbalé après que son prédécesseur ait déserté les lieux sous menace de mort pour avoir exposé son incompétence devant une situation de terre entre le vieux Ibaga et noko maçon. Le capitaine Boudica était âgé d'une quarantaine d'années, il avait un visage buriné par le soleil torride de lifoura-mba. Il travaillait plus et son temps de repos était réduit. Peu à peu, il devint la cible des bébés noirs, un groupe de gang qui semait la terreur dans toute la localité. C'est grâce aux patrouilles et à la discipline imposées par Boudica que lifoura-mba commençait à retrouver sa stabilité.

Lorsque les deux prêtres arrivèrent dans les lieux, le commissaire s'en allait pour une urgence et avait fini par ajourner de deux jours le rendez-vous. L'abbé curé suggéra alors à l'abbé Emile de se rendre à Koporo, un petit village situé à trente minutes de route de Mbalé où ils souhaiteraient changer un peu d'air.

L'atmosphère était détendue, l'air naturel de Koporo ne cessait d'attirer l'admiration de ce jeune prêtre qui venait de découvrir cet endroit angélique et touristique. A leur arrivée, l'abbé Emile, émerveillé par le décor spectaculaire que lui présentaient les arbres qui occupaient cet espace, lança une taquinerie à l'endroit de son curé.

- Père curé, que vous manque-t-il pour offrir un tel décor à vos paroissiens ?

Les deux hommes prirent place dans un petit restaurant au milieu d'une foule presque inconnue.

Léa, première épouse de kolo lopango, s'y trouvait accompagnée de Christella et Christelle, toutes, ses deux filles. Christella avait quelques habitudes peu effacées et souriante. Sa longue chevelure dégageait le même parfum que celui de l'abbé Emile, elle faisait la fierté de sa maman qui était prête à tout faire pour elle. Sa voix presque fine et éteinte plongeait ses admirateurs dans un lac d'idées irréalisables et fictives. Ses yeux, aiguisés avec soin et délicatesse se mariaient à la couleur de la chemise qu'avait le jeune Emile. Titulaire d'une licence en ophtalmologie, elle venait d'arriver à l'hôpital de lifouramba où elle travaillait comme ophtalmologue. Ce jour, elle avait décidé de surprendre sa mère qui fêtait son anniversaire de naissance. La présence d'Emile dans ces lieux rendit furieuse Léa. Elle exprima son indignation à Christelle et lui chuchota à l'oreille,

– Que fait-il ici, ce macabre de prêtre monté de toutes pièces ?
– Ce macabre de prêtre ? De qui s'agit-il maman ?
– Le prêtre dont je t'ai parlé il y'a quelques jours, contre qui nous avions déposé la plainte au commissariat.

Léa voulait de tous les moyens possibles éliminer l'abbé Emile. Elle le dédaignait aussi violement qu'elle ne pouvait penser un seul instant à la belle Gélina qui n'avait qu'Emile comme seul et unique enfant. Son seul projet macabre était de lui faire subir le martyre au bénéfice des richesses que possédait Kolo lopango. Elle voulait alors utiliser sa fille pour se débarrasser de lui.

Les deux clercs firent passer chacun une commande. L'abbé Emile trouvait sa joie dans le Ngoki à la mouambe. Son curé, devant un tel plat qui déjà, faisait vibrer ses intestins, demanda qu'on lui apporte le makayabou à la sauce d'arachide. Les deux hommes se plongèrent dans une lutte appétissante, oubliant cette histoire d'abus sur une jeune fille. L'abbé Emile mangeait à pas d'escargot et prenait tout son temps à inspecter le fond de sa sauce. La belle musique de l'époque lui faisait oublier tout le stress que lui avait causé la fameuse plainte. Pendant qu'ils se rendaient à l'aise, la jeune Christella, promenant ses yeux dans l'espace restreint de Koporo, rencontra le sourire radieux de l'abbé Emile. Ses yeux rougirent à l'instant, et son rythme cardiaque s'accéléra sans hésitation. Elle sortit de suite du sujet qui était auparavant leur préoccupation. Plongée dans l'envie de rencontrer cet homme étrange, d'un geste de main, elle renversa le petit verre qu'elle avait commandé.

– Christella ! Christella ! Christella ! lança sa mère

Elle s'était noyé dans un sentiment de joie, son esprit ne se contentait que d'une seule chose, toucher cet homme. Elle se croyait déjà en présence de l'abbé Emile et avait fini par ignorer celle pour qui elle s'était rendue à Koporo. Léa, sa mère, la regarda directement et compris que son temps passé à la maternité commençait à aboutir à quelque chose. Sa célèbre Christella, surnommée « déesse » venait de succomber à un monsieur qui venait de causer une guerre froide dans son cœur. Intérieurement, Léa se questionna plus d'une fois.

– De qui s'agit-il réellement ? Se serait-elle craquée devant le sourire menaçant de cet homme Emile ? De toute façon, Emile n'est pas de son acabit et ne pourrait se laisser faire.

La réalité s'échappa aux yeux de Christelle. Elle s'était, au bout de quelques minutes, rendue compte du scénario auquel elle faisait face. Sa sœur était immobile, son sourire, avec une main posée sur sa joue droite, exposait déjà sa faiblesse. Elle lui donna un revers de la main sur son crâne, ce qui ramena Christella à la réalité.

– De quoi parlions-nous déjà ? Leur demanda-t-elle.

Le commissaire Boudica, de ses habitudes quotidiennes, après un travail acharné se rendait à koporo pour se délier les cordes vocales avec quelques-uns de ses éléments. Ils y rencontrèrent les deux prêtres, détendus, souriants et tous joyeux. L'invitation ne tarda à surgir et le commissaire se joignit à eux sans encombre. Emile se leva gracieusement pour rendre honneur à leur invité. Cette attitude renforça de plus belle sa beauté, ses yeux fins touchèrent encore une fois de plus le cœur de Christella.

Léa s'était rendue compte de la présence du commissaire au milieu de ces deux clercs. Elle pensa qu'une amitié venait d'être née contre sa plainte et décida de les dissuader. Très rapidement, Christella se leva, le sentiment de rencontrer Emile l'obligea à oser l'impossible. A son passage, d'un petit geste de sa main gauche, elle fit tomber la paire de lunette du jeune prêtre. Très rapidement, elle s'accroupit, les ramassa puis les rendit à Emile.

– Désolé, je suis vraiment navré. Je ne pense pas vous avoir fait de la peine en posant un tel acte ? Je suis vraiment désolé. S'excusa la jeune fille.

– Je vous en prie Mademoiselle. Parfois il arrive à de charmantes filles de votre rang de commettre intentionnellement de tels actes. Votre humilité m'oblige à vous accorder indulgence Mademoiselle. Rétorqua Emile

– Je suis ravi de vous entendre parler. Votre gentillesse vient d'alléger le doute qui était en moi. Je suis Christella.

– Enchanté mademoiselle. Je suis Emile.

Le commissaire Boudica, satisfait de l'audace qu'avait cette jeune fille, lui demanda de se joindre à eux. Cette invitation fut sagement rejetée par l'abbé Emile.

– Nous traitons d'une affaire sérieuse entre frères, le temps qui nous reste, ne nous offre aucune opportunité de rester assez longtemps dans ce lieu. Nous pourrons nous revoir la prochaine fois, si vous le souhaitez mademoiselle.

La jeune Christella s'estimait très heureuse de discuter avec Emile. Elle ne comprit comment a-t-elle fait pour provoquer son accent.

– Tenez Monsieur Emile, je vous laisse ma carte, veillez me contacter quand vous voudriez. J'attends impatiemment votre appel.

Lorsqu'elle leur tourna le dos, elle se rappela d'une chose, puis elle ajouta :

– Ah, j'oubliais déjà ! Pour les verres, ne vous en faites pas monsieur, je vous les rendrais de façon digne et propre. Puis elle s'en alla.

Le commissaire Boudica sursauta de sa chaise et lança à Emile.

– Yes ! Yes ! Yes ! Vous êtes fort mon ami. En tout cas, cette affaire là, je vous encourage à faire ça dur et bien. Elle comprendra que vous aviez du poids. Dès qu'il comprit qu'il se trouvait en présence des prêtres, il ajouta.

– Désolé messieurs les abbés. J'oubliais que vous étiez prêtres.

Boudica était né d'une jeune paysanne du village Lago. Enceinte, son mari la mit à la porte et douta de sa grossesse. Elle trouva refuge chez Mâ Nguele qui prit soin d'elle jusqu'à son accouchement. A la naissance de Boudica, elle dépêcha une lettre à son mari pour lui annoncer la nouvelle. Celui-ci, furieux qu'il fût, découpa en morceau cette note et demanda qu'on ne lui en parle plus. Il chercha d'ailleurs à faire la peau à cet enfant. Lorsque Boudica eût atteint ses huit ans, il perdit sa mère. Elevé par le colonel Vincent Christopher, frère de sa mère, il obtint une licence en Histoire-géographie et fut récupéré par l'armée de son pays. Il avait une antipathie pour les hommes malhonnêtes de l'espèce de son père qu'il n'a jamais connu.

La nuit annonçait déjà son climat, l'éclatante lumière du jour s'en dormie presque. Koporo se vidait lentement et le noir tomba dans une course effrénée contre la montre. Les trois hommes se séparèrent dans un climat chaleureux et enthousiaste. A son arrivée en paroisse, l'abbé Emile reprit ses habitudes quotidiennes. Dans le silence inouï de la cour Saint Joseph, il se laissa plonger dans un lac d'inquiétudes qui lui firent rappeler ce qu'aurait été cette confrontation si elle avait eu lieu. D'un instant à l'autre, il pensa à la splendide journée qui lui offrit l'opportunité de rencontrer Christella. Il fit alors le tour de la paroisse comme il en avait l'habitude pour ainsi achever sa promenade par la récitation du chapelet.

Après une journée de longs sourires et d'une rencontre merveilleuse, Christella se senti épuisante. Elle se rendit dans sa résidence dans le seul espoir de s'y allonger. La nuit bâtait son record devant les yeux ensommeillés de cette déesse. Dans un silence de morts, une seule chose arracha à son vouloir l'idée de s'allonger sans revisiter sa journée paradisiaque. Tout de suite, le sommeil disparu de ses yeux. Elle se mit à penser à sa rencontre avec Emile. Autant d'idées saugrenues nourrissaient sa tête. Ses dents blanchâtres, exposées à la beauté de sa chambre trahissaient le battement de son cœur. Ses lèvres, humectées à tout temps, du moins pendant qu'elle se trouvait dans son lit, exposaient le sourire radieux qu'elle fit au jeune Emile. Christella n'avait connu l'amour auparavant. Elle avait juré de ne connaitre d'homme que son époux. Mais là, elle assistait à une conversion devant le parfum d'Emile qui resta entre ses mains. Elle ne voulut prendre un bain de peur de dissuader cette odeur. Dès leur toute première rencontre, Emile semblait porter quelque chose de particulier et capable de bouleverser la décision de cette jeune fille. Prêtre de son état, accepterait-il de céder à la belle expression de Christella ? Que deviendrait Christella si jamais Emile, au nom de sa soutane refusait de la connaitre ?

Le lendemain matin, tout se déroula comme à l'accoutumé. Au retentissement de la cloche, la cour Saint Joseph commença à être envahie par ses premiers chrétiens. La journée s'annonçait parfaitement bien. La messe aurait été dite par l'abbé Emile. Pour des besoins de circonstance, il passa le témoin au curé de la paroisse. Et lui, ne se contenta que de l'homélie. C'était un jour pas comme les autres, un jour particulier pour l'église locale de lifoura-mba. Peu après toute la cour devint envahie. Tous les mouvements d'apostolats y étaient présents. C'était le quinzième anniversaire de sacerdoce de L'abbé Louis Onka, curé de la paroisse et le cinquième anniversaire de la reconstruction de la chapelle Saint Joseph.

Pendant que les choristes faisaient leur dernière mise au point, la cloche sonna pour une deuxième fois et tout le monde se précipita pour occuper les dernières places dans la spectaculaire cour Saint Joseph. Quelques temps après, les deux hommes de Dieu se dirigèrent vers la procession. De loin, on constatait les appels de phares d'un véhicule flambant neuf. Ses coups de klaxon ne cessaient que de susciter le tohu-bohu dans l'espace restreint de la cour au moment où la lectrice avait déjà annoncé le début de la messe. Le curé, averti par un jeune scout de l'arrivée de Monseigneur l'archevêque, demanda qu'on le fasse entrer du côté sud-ouest du presbytère. Les deux hommes coururent à sa réception. D'un geste de soumission, d'obéissance et de respect, l'abbé Onka le salua avec tous les honneurs de sa taille.

– Bonjour Excellence ! (Il fit un baiser sur l'anneau que portait monseigneur Lorenzo et le conduisit à la sacristie).

L'abbé Emile s'était chargé de vérifier la valise chapelle qu'avait apportée monseigneur Lorenzo. Il mit de côté tout ce que recommande l'église pour la célébration de la messe. Monseigneur Lorenzo, toujours optimiste vis-à-vis de ce jeune prêtre, lui tendit la main droite pendant que celle gauche posée sur son épaule, et d'un geste autoritaire, soupira.

– Ah, le voilà ! le majestueux Emile. Quelle joie de pouvoir enfin célébrer avec vous depuis votre ordination ! J'ai de vos nouvelles. Nous devons échanger après la messe.

– Concélébrer avec son évêque, c'est séjourner aux royaumes des cieux. Rétorqua Emile d'un air joyeux avec un sourire ineffable.

– Vous êtes toujours aussi comique qu'auparavant. Nous reparlerons de ça plus tard. Pour le moment c'est le Christ qui nous intéresse. Répondit l'archevêque.

La messe devait débuter d'un moment à l'autre. Monseigneur Lorenzo avait évité la procession, il aurait bien voulu célébrer cette Eucharistie, mais pour ne pas avoir annoncé son arrivée, il décida de précéder ses prêtres à la table du Seigneur. La messe avait commencé avec un léger retard.

Dans la foule se trouvaient monsieur Olo Bienvenu, préfet du département de lifoura-mba, madame le maire de Biala et quelques autorités militaires de la contrée à l'instar du capitaine Boudica et sa troupe. Christella y avait aussi prit part. Elle se trouvait juste à côté du capitaine qui ne l'a reconnu presque pas. Son visage particulièrement merveilleux, rappelait le beau chant de gloria qui venait d'être entonné. Sa perruque, taillée à sa guise de fond en comble, teintée d'une couleur exceptionnellement inexplicable suscitait déjà des murmures au niveau de la chorale. Sa tenue rediffusait l'accoutrement des périodes des indépendances. La présence de Christella dérangea monsieur Olo Bienvenu qui se fit nourrir d'idées obscures plutôt que de s'intéresser à Christ. Pendant l'évangile, l'abbé Emile qui venait d'être repéré par la charmante Christella, se rendit auprès de l'archevêque pour la bénédiction.

A l'ambon, tous les regards se jetèrent sur le jeune Emile pendant que celui de Christella contemplait encore la Cène du Christ placée sur le toit de la Chapelle. Dès qu'Emile eut commencé son texte, le cœur de Christella se sentit bousculer par la douceur de sa voix. Elle baissa ses yeux et se rendit compte de la présence d'Emile. Elle rentra alors dans un dialogue infini avec son cœur.

– Seigneur ! N'est-ce pas Emile, le jeune avec qui j'ai échangé il y'a quelques temps ? Oh mon Dieu ! Maintenant que je sais qui il est et où le trouver, je dois user de tous les moyens pour le persuader à me connaitre. Oui, je dois lui avouer combien il est important à mes yeux. En attendant, voyant voir de quoi il est capable.

L'abbé Emile avait un accent digne de son rang. Son texte bien stylé, préparé d'un seul cœur avec des mots bien employés, le maintenait toujours dans la logique de l'evangile de luc (18,1-9). Il s'était montré intéressant, sage dans son homélie. C'était une énorme réussite. A la fin de la messe, Christella vint à lui.

– Bonjour Emile, l'abbé Emile, permettez que je vous appelle ainsi.

– Bonjour mademoiselle ! Que me vaut l'honneur de votre salutation ?

– Vous vous souvenez de moi sans doute ? Je suis Christella, celle avec qui vous aviez échangé récemment à Koporo.

Emile ne se rappela que trop bien le nom de celle qui venait à nouveau se présenter à lui, mais il en fit semblant et ne tarda pas un seul instant d'y réfléchir. Il plaça son index sur ses lèvres et d'un petit hochement de tête, il reprit.

– Ah oui ! Mademoiselle Christella, je me rappelle ce nom. Veillez m'accorder juste une demi-heure et je serais à vous.

Christella fut conduite dans la salle d'accueil du presbytère où elle fit la rencontre du père Fréjus et de madame le maire de Biala.

Quelques temps plus tard, l'abbé Emile et monseigneur Lorenzo firent leur apparition dans l'auguste salle de la cour Saint Joseph où se mariaient joie et enchantement.

Pendant que monseigneur Lorenzo faisait la majestueuse connaissance de quelques personnalités conviées à cet effet, l'abbé Emile invita la charmante Christella à une discussion à huis clos.

– Mes compliments à vous monsieur l'abbé. J'étais si sûre de moi que votre homélie serait une énorme réussite. Je me rends compte que mon instinct de femme ne m'a pas trompé à votre sujet. Je garderai un majestueux souvenir de cette belle et lumineuse journée.

– Merci mademoiselle Christella. Mais il n'y a rien de nouveau dans le ciel. Tout ce que je viens de dire, vous le connaissez déjà et peut-être mieux que moi. Je n'ai fait que donner ce que j'ai appris tout au long de mon parcours au séminaire, répondit l'abbé Emile.

– Rendons plutôt grâce à Dieu qui vous a choisi comme pasteur de son troupeau. Quand il appelle et envoie en mission, il donne aussi les moyens pour cette mission. Ad majorem Dei gloriam, répliqua Christella.

L'abbé Emile resta abasourdi devant la réaction de cette charmante fille. Il n'en croyait pas un seul instant qu'elle serait capable de prononcer de sa bouche cette phrase latine. Il avait apprécié la grandeur de ces mots. Mais, leur causerie fut interrompue lorsque soudain, apparait le capitaine Boudica.

– Oh mon Dieu ! Suis-je entrain d'assister à un projet de mariage ou à un cours de catéchisme éclair ? (Il souri un instant, puis il ajouta). Monsieur l'abbé, n'oubliez pas que vous aviez fait un choix, celui de s'abstenir des liens du mariage. Je serais encore très heureux que vous m'accordiez l'opportunité de conquérir cette charmante créature.

– Evidemment mon capitaine, la vie est un choix. Répondit Emile.

Le capitaine Boudica savait qu'une familiarité avec Emile, deviendrait un obstacle vis-vis de la plainte qui avait été déposée contre lui. Il décida alors de se retirer manu militari sous prétexte d'une urgence professionnelle. Durant ce laps de temps, Boudica était aussi comique dans son costume que sérieux dans sa tenue militaire. Après son départ, Christella manifesta elle aussi, son désir de quitter les lieux.

– Voulez-vous, Chrsitella nous quitter vous aussi ? Lui demanda Emile

– Oui, mon cher abbé Emile. En effet, Pourrions-nous espérer nous revoir encore une fois de plus afin de partager un repas ensemble ? Je pourrai vous inviter dans ma résidence si vous le tenez vraiment.

– Je serais heureux d'être convié dans votre résidence, mais j'ai un programme très chargé mademoiselle. Je... (il n'avait pas encore fini de parler lorsque Christella, interrompue sa phrase).

– Tenez-vous bien monsieur l'abbé, ne craignez rien. Je suis votre sœur d'après tout. Acceptez s'il vous plait !

– Je suis partant Christella. Soyez alors diplomate envers votre époux et je serai là.

– Mon époux ! (elle sourit un instant) Vous dites mon époux ? Je ne suis pas prête à me lancer dans une aventure, mais je crois que je suis entrain de découvrir cet époux dont il est question.

– Permettez qu'on en parle prochainement. Je dois vous laisser mademoiselle Christella.

– Merci l'abbé Emile et à très bientôt.

Elle rejoignit sa range rover puis disparue dans les artères reliant la ville à la paroisse. Sa lumineuse journée prit fin dans sa résidence, contente d'avoir échangé avec l'abbé Emile.

IV

Quelques jours venaient de s'écouler, la paroisse repris son train de vie quotidien. L'abbé Emile attendait patiemment la correspondance du capitaine Boudica à fin se rendre au commissariat de lifoura-mba suite à la plainte déposée contre sa modeste personne. A l'instant, un véhicule de police fit irruption à la paroisse, Emile comprit que le glas venait de sonner. Il fut accompagné de son curé l'abbé Louis Onka, escortés par la police. Ce qui interpella d'ailleurs, les voisins de la paroisse.

Ce fut un matin, après la messe matinale que les prêtres du presbytère Saint Joseph s'étaient rendus au commissariat. A leur arrivée, la jeune Chrsitelle, victime des faits pour lesquels Emile a été convoqué, était déjà au lieu de rendez-vous.

– Monsieur l'abbé, nous avons à notre disposition, une plainte déposée contre vous et dont la victime prétend avoir été agressée sexuellement et subi des menaces corporelles de votre part. Reconnaissez-vous les faits ? Avait demandé Boudica .

– Mon capitaine, ce serait incompatible à ma vie de prêtre que de vouloir abuser d'une jeune fille dont le visage ne m'est pas familier. Je n'ai aucunement souvenir de tous les faits reprochés contre moi.

Le capitaine Boudica, tournant son regard vers la jeune Christelle, lui demanda de raconter sans hésitation ce qui serait l'objet de sa plainte. D'une audace révolutionnaire, d'un air grinchu et d'un ton menaçant, elle se mit à raconter tout ce qui s'était passé. Léa ne prit part à cette confrontation. Elle n'avait bien voulu que sa cousine serve de guide à Christelle.

– Monsieur le commissaire, cet homme, ce prétendu prêtre (le fixant du regard) a abusé de moi après que j'ai été prié à la grotte. Voulant rentrer chez moi, nous nous croisâmes à la grande cours de la paroisse, lorsqu'il me demanda de lui donner un coup de mains en déposant dans sa chambre à coucher, ses habits de prêtre. Rempli de gentillesse, et voulant aider cet homme de Dieu, je me retrouvai dans un couloir, seule dans le noir qui me laissa dans la peur. D'un instant à l'autre, me rendant compte de ma nature de femme, je me senti asphyxier et incapable de lancer un cri de détresse. N'étant plus dans mes états, je fus propulsée dans un lit dont la mousse me paraissant assez conforme, me plongea dans un sommeil doux et profond. je senti quelque chose me passer par-dessus le corps dans un rythme silencieux et effacé. Et, je compris qu'il s'agissait d'un homme dont le visage me paraissait inconnu et obscur. Subitement, il tira ma tunique et celle-ci se déchira exposant ma poitrine encore ferme et velue. Privée de mes forces, la faiblesse donna raison à mon agresseur. A la faveur de l'obscurité qui prédominait dans la caisse, mes mains furent attachées d'un bout à l'autre de ce lit énigmatique. Je hurlais, hélas, ma voix peu audible ne pouvait résonner que de l'intérieure. Et personne ne parvint à mon secours. Je devins amorphe et sans défense. D'un moment à l'autre, je senti ma jupette s'éloigner de moi, passant le témoin à une pomme de main balayant mon intimité. Que faire en pareille situation mon commissaire ? J'entrais moi aussi dans le bain et je fis la même chose que me faisait mon bourreau. C'est ainsi que… (son discours s'arrêta brutalement et l'abbé Emile d'un ton menaçant, frappa à table)

– Stop ! Je dis stop ! Mon capitaine, croyez-vous en la véracité de ce discours mensonger ? Oh Seigneur, aie pitié de ton fils.

– Calmez-vous monsieur l'abbé, nous allons trouver une solution de sortie de cette affaire. Je tiens quand-même à vous préciser que nous sommes dans un commissariat monsieur l'abbé. Mademoiselle soyez encore plus claire. Disait Boudica

– C'est ainsi que mon bourreau abusa de moi, mon commissaire.

– Monsieur l'abbé, tout cet épisode vous rappelle-t-il quelque chose ?

– Mon capitaine, je suis convaincu que cette jeune fille doit faire certainement une erreur. Je ne suis pas celui là qui pourrais commettre un acte aussi ignoble envers cette jeune fille. Je ne l'ai jamais rencontrée quelque part, même pas à l'église. D'où vient cette histoire ?

Peu de temps auparavant, l'abbé Emile fut convié à un mariage dont il eut le bonheur de célébrer la messe. A son arrivée aux noces, il prit place près de monsieur Riverain de la Chauvrière, un ancien colonel de l'armée française qui avait préféré finir ses jours en Afrique après avoir servi pendant vingt cinq ans les intérêts de la France en ce continent vidé de sa substance. Il fit connaissance de ce jeune prêtre qu'il aborda si facilement. Dans leur échange, l'abbé Emile ne parlait que trop peu. L'ayant aperçu de loin, monsieur Dante, l'heureux du jour appela l'abbé Emile à qui il offrit un verre de vodka, puis un deuxième et un troisième. Emile n'avait en réalité jamais pris de l'alcool, un seul verre suffisait pour qu'il accoste dans la bassesse. La bravoure et l'attention de monsieur Riverain de la Chauvrière venaient de sauver l'abbé Emile de la honte qu'il accourait. Il fut ramené chez lui par ce colonel blanc qui le déposa juste à l'entrée de la paroisse. En pleine cour Saint Joseph, maquillée de silence ahurissant, séduite par l'obscurité, l'abbé Emile qui venait de perdre ses habitudes quotidiennes se mit à solfier dans un mouvement de va et vient, déséquilibré et titubant. La jeune Christelle suivait de près le malheureux spectacle du jeune prêtre de Biala. Elle décida de mettre son plan à exécution. Heureuse de pouvoir enfin honorer sa mère, elle se précipita dans l'obscurité de la paroisse, une occasion de plus pour dévoiler le caractère grinchu de l'abbé Emile, elle le porta et le conduisit dans sa chambre à coucher. C'est là-bas que débutèrent les choses sérieuses.

Christelle, dans sa sournoiserie et convaincue de la réussite de son plan haineux, avait déposé sur le bureau de l'abbé Emile son portable. Cette chambre dans laquelle ils se trouvaient, pouvait jouir de quelques rayons de lumière qui s'échappaient de la salle à manger. Son portable était son coup de chance pour renverser l'abbé Emile.

– Mademoiselle Christelle, avez-vous des preuves qui authentifient votre version des faits ? Avez-vous quelque chose qui pourrait nous aider à tirer une conclusion ? Ou serons-nous dans l'obligation de vous déférer auprès du procureur de la République afin que justice soit rendue.

– Je crois avoir quelque chose qui puisse prouver la pédophilie de ce macabre. Répondit-elle.

L'abbé Emile s'était montré coupable face aux preuves révélées par Christelle, il exprima tout son regret d'avoir posé un tel acte si les faits s'avéraient authentiques. Il n'avait aucunement souvenir de cette jeune fille et des faits qui lui ont été reprochés. Il ne manifesta aucune résistance et accepta de s'humilier devant la loi. Au sortir du commissariat, l'abbé se retrouva dans une attitude de prière.

– Oh Seigneur ! Qu'ai-je fait pour me faire subir un tel châtiment ? Où es-tu pour que je me sente seul en ce moment difficile ? Et cette jeune fille, manipulée par son manque de savoir et de discernement, je te prie de lui accorder ton indulgence, ne lui compte pas ce péché mais sois plutôt favorable envers elle et donne-lui de témoigner un jour et d'un cœur sincère le mensonge lié à cette affaire. Amen !

Le capitaine Boudica décida de le déférer auprès du juge d'instruction pour répondre de ses actes. L'abbé Louis Onka qui ne douta un seul instant de l'honnêteté de son jeune vicaire, dépêcha un courriel à l'archevêché de lifoura-mba.

Monseigneur Lorenzo, en visite médical dans son pays natal, fut saisi de l'affaire Emile et ordonna à son vicaire géneral, l'abbé Raoul de ralentir la rumeur qui accourrait déjà dans les rues de lifourou-mba.

Un mois s'était écoulé. Kolo lopango qui contemplait gracieusement le dernier spectacle que lui offrit les herbes de son terrain, eut le pressentiment de revoir son unique fils. Certainement il aurait eu une dernière parole à lui adresser. Dans sa paralysie qui lui faisait compter ses jours, il ne supporta plus l'absence d'Emile du toit familial. Tantôt, il ne cessait de harceler Gélina de question et regrettait quelquefois d'avoir pris une décision malencontreuse.

– Eh ! jeune fille, ne vais-je plus revoir mon unique fils pour la dernière fois ? Ce ne sont pas les petites filles sorcières avec leur mère Léa qui viendront essuyer ma vieille carcasse quand elle se videra de son souffle.

– Scandale ! Scandale ! Pourquoi une telle discrimination envers tes propres enfants ? Qu'a-t-il à taxer tes propres filles de sorcellerie ? Léa n'est pas une mauvaise mère à ce que je sache. Tu as…

– Stop ! Stop ! Jeune fille, je ne te donne aucune autorisation de m'insulter de la sorte. Depuis quand une femme doit-elle s'adresser à son époux avec une telle arrogance et indiscipline ? Certes mes os me lâchent à pas d'escargot, mais rassure-toi que je n'hésiterai pas à poser ma main sur toi si jamais tu osais sortir une seule parole de ta bouche pour m'injurier. Et, ce pauvre prêtre blanc qui m'a piqué mon fils, si je pouvais encore me tenir débout, je lui aurais révélé toute la méchanceté des mes ancêtres afin qu'il comprenne que je suis un authentique africain. Je suis convaincu que tu étais de connivence avec ce prêtre pour m'enlever mon charmant fils.

– Quel scandale que de penser malhonnêtement sur ce prêtre. Je n'arrive à croire que ce que j'entends sorte de ta bouche. Que le Seigneur t'accorde un doux sommeil et ne tienne compte de tes péchés inconscients, vieil homme.

– Si jamais tu n'oses me parler encore une fois de plus de ce prêtre, voleur d'enfants, tu auras ma mort sur ta conscience.

– Regarde-toi mon vieux, à quatre vingt dix ans, malade et en plus de ta bave qui ne cesse de pourrir tes vêtements, tu n'arrives à comprendre que celui qui te maintient en vie c'est ce Dieu contre qui tu professes des insalubrités.

– Je t'ordonne de te taire de suite. Mes oreilles en ont marre de tes paroles mal placées. Tu oublies qui est kolo lopango, nul était ce lit qui m'empêche de faire un pas de plus, j'aurais dépigmenté ta salle peau. Inculte, disparais de ma vue, incapable de me donner un deuxième fils. Femme indigne.

Gelina s'en alla, laissant kolo lopango ruminer sa colère. La nouvelle qu'Emile aurait essayé d'abuser d'une jeune fille, se répandit dans tout Biala, et ses images à pied d'œuvre furent affichées dans toute la région. Les accusations contre Emile firent un scandale dans l'archidiocèse de lifoura-mba.

Quelques jours s'écoulèrent, les fidèles de Saint Joseph ne cessèrent de questionner l'abbé Onka sur le sort de leur jeune prêtre. A Biala, Gelina fut traitée de tout et devint espiègle aux yeux de tous. Sa belle famille ne voulut en aucun instant entendre parler de cette fille indigne qui aurait manqué à son devoir de mère de famille. Victoria, sœur cadette de kolo lopango, survint brutalement chez son frère et s'insurgea contre Gélina.

– Où est-elle ? Femme indigne. Tu as été incapable d'éduquer ton fils qui nous a fait tous honte. De quel village es-tu ? Il faut absolument que tu partes de chez mon frère. Pauvre conne.

Gelina acquiesça et ne répondit à aucune parole agressive de Victoria. Elle prit sa cruche et se rendit à la rivière. Victoria bondit sur elle et la traita de tout. Etranglée par cette femme aux intentions hitlériennes, Gélina qui se vit vider de toute ses forces, ne songea à se défendre et versa quelques goûtes de larmes. Liliane, cousine de Victoria assista à la scène, et d'un coup de spatule, elle parvint à dégager Victoria de Gélina.

– Que fais-tu là ? es-tu entrain de devenir folle en étranglant ta belle sœur qui s'est vidée de son sang pour vous donner un fils ?

– Je ne te permets pas de m'insulter de la sorte, petite cochonne. Depuis quand plaides-tu en faveur de cette sorcière de femme ? Tes parents doivent apprendre tes insalubrités à mon égard.

– Ne suis-je pas adulte pour répondre de mes actes ? Cette femme mérite respect et dignité. Quel scandale que de vouloir sa mort ! N'as-tu pas honte de la traiter ainsi alors que tu es plus âgée qu'elle ?

– Si jamais un seul mot de plus sortait de ta pourriture de bouche, je te promets que tu subiras le même sort qu'elle. Idiote.

– Audace ! Quelle audace ! Dois-je te rappeler à quel niveau d'étude t'es-tu arrêtée pour courir après ton fumeur de mari ? tu n'as rien à m'apprendre et surtout pas à Gelina. Nul était ton frère, kolo lopango, Gelina serait certainement la fierté de ses parents. Vous l'aviez prise toute jeune, et maintenant que vous aviez léché ses atouts de femme jusqu'à la moelle épinière, vous voici entrain de la dénigrer, bafouer et dénuder. A quel prix ? Simplement pour arracher de ses mains le mobilier que lui laisserait son époux après sa mort.

– Eh ! Eh ! tu oses m'insulter ? Ce n'est pas ta faute, ce sont tes parents irresponsables qui t'ont scolarisé pour venir m'injurier. Je te montrerai qui est Victoria.

– Si jamais tu osais toucher encore une fois de plus à cette femme qui est aussi ma sœur, c'est à moi que tu auras affaire et non à elle.

– Je te montrerai que j'ai eu le bonheur de voir la lumière du jour avant ta regrettable naissance. Disparais de ma route, sale porc. Répondit Liliane.

Victoria s'en alla avec regret d'être humiliée par sa cousine, défendant Gélina qui venait de subir son martyre du jour. Elle n'en parla pas à son époux.

Deux semaines passèrent, Christella revint à lifoura-mba dans l'espoir de rencontrer son charmant abbé Emile. La nouvelle, circulant de bouche à l'oreille, parvint à ses oreilles. L'inquiétude était de taille, ses yeux dévoilaient déjà le triste regret que ruminait son cœur. Elle alla rencontrer l'abbé Onka qui lui fit part de la situation que traversait son jeune vicaire.

– Nous attendons l'arrivée de Monseigneur Lorenzo pour décider de ce qui doit être fait.

– Mon père, je ne pense pas que votre jeune prêtre soit capable de poser un tel acte. Quelles ont été les preuves apportées par la victime pour salir un prêtre jusqu'à ce niveau ?

– La victime a dévoilé devant le commissaire, une série de photo de l'abbé Emile entrain de…

– Seigneur ! Je n'en crois pas mon père. Emile est un jeune prêtre doux, ouvert, aimable. Il doit certainement avoir une erreur quelque part.

– Mademoiselle Christella, voilà le sujet de notre souci pour l'instant. L'abbé Emile est actuellement à l'archevêché et vous pourrez lui rendre visite.

– Merci mon père ! j'essaierai de lui apporter mon soutien.

– Que Dieu vous bénisse et vous accompagne mademoiselle Christella.

V

De retour dans son diocèse, Monseigneur Lorenzo, n'avait cessé d'interroger du regard l'abbé Emile. Tout son corps s'électrifiait devant l'attitude que lui imposait ce prélat blanc qui avait demandé à discuter à huit clos avec son jeune prêtre. La discussion prit une bonne soixantaine de minutes, Emile sorti de là tout comblé de l'amour de son évêque, ce père remplit de tendresse qui, nonobstant les erreurs que peuvent commettre ses enfants, résiste à la tentation d'abandonner ses dignes fils à la merci de l'adversaire.

Dans sa résidence de l'archevêché de Lifoura-mba, l'abbé Emile n'avait cessé d'interroger sa conscience et de revoir ses attitudes antérieures. La réalité de cet événement lui échappa de vue. Subitement, un véhicule de marque "range rover" apparut dans la cour de l'archevêché, et d'un appel de phare fit venir la sentinelle de la place.

– Bonjour monsieur ! Je suis Christella, amie à l'abbé Emile et j'aimerais le rencontrer.

La sentinelle prit les pièces de Christella puis passa un appel au secrétariat. Il n'avait pas le droit de mettre pied dans le presbytère qui lui devenait presque mythique. L'aval venait d'être accordé et Christella se rendit à la rencontre de son collègue. Revêtu de soutane blanche, l'abbé Emile bien qu'embarrassé par quelques différends, se laissait toujours emporté par son sourire.

– Mademoiselle Christella, installez-vous. Il y'a belle lurette que nous ne sommes plus revus.

– En effet, mon cher Emile. J'étais en mission de service et ne suis rentrée que la semaine dernière. Etes-vous maintenant ici ou êtes-vous en congés ?

– En congés ? Non Christella. Je suis venu à la rencontre de monseigneur Lorenzo, et j'espère regagner mon lieu d'affectation dans un laps de temps.

Il baissa son front et n'osa pas rencontrer le regard de Christella. Son cœur surchauffa dans le silence inouï de sa résidence laissant apparaitre une énigmatique boule de sueur sur son crâne. Le calme gagna la caisse, on dirait deux cadavres qui venaient d'être mis à terre. La bravoure de Christella l'obligea encore une fois de plus à briser le mythe. Elle s'approcha puis s'assit à côté de l'abbé Emile tout en posant sa tendre main droite sur l'épaule gauche du jeune vicaire de Saint Joseph.

– Que se passe-t-il monsieur l'abbé ? Je ne vous reconnais plus dans une telle attitude de replis sur soi.

– Christella, il m'est difficile de vous raconter ce qui m'est arrivé. J'apprécie bien votre courage mais vous ne pourrez rien faire pour me tirer de ce pétrin dans lequel je me suis mis. Celui qui aime doit s'attendre à subir le martyre et celui qui subit le martyre, à quoi s'attend-t-il ?

– Je ne vous suis pas jusque-là Emile. Je dois vous avouer que je ne peux vous entendre sans subir ce fameux martyre avec vous. Ne reconnait-on pas ses vrais amis dans la souffrance ? Je suis heureuse d'effectuer ce déplacement et de venir jusqu'à vous. Croyez-moi que je ne vous laisserai pas périr, je serai toujours là pour vous apporter mon soutien. Que se passe-t-il ?

Emile se demanda ce à quoi pouvait aboutir la visite de Christella. Retenu dans ses bras, il s'était déjà plongé dans une illusion. La regardant, Christella approcha lentement et tendrement ses lèvres contre celles de l'abbé Emile qui ne s'apercevait de rien. D'un petit mouvement de pied, le chapelet d'Emile tomba à même le sol et celui-ci, fit un petit geste puis le remit dans sa soutane. Il se leva puis se mit à relater les faits à Christella qui s'impatientait de les savoir.

– J'ai été accusé d'abus sexuel sur une jeune fille et d'atteinte à son intégrité physique. L'évêque m'a demandé de passer quelques temps ici en attendant son retour de Rome. Voilà Christella la misère qui m'est arrivée et qui me poursuit jusqu'à présent. Nous nous sommes rendus au commissariat afin que lumière soit faite sur le sujet mais hélas, face à une situation d'une telle envergure, le commissaire nous a remis entre les mains de la justice.

– Je suis navré mon cher Emile. Je ne vous vois pas être coupable d'une telle accusation. Cette rumeur accoure dans toutes les artères de la ville comme pour dénigrer votre modeste personne. Ah, et ces fameuses images apposées sur des murs vous montrant à pied d'œuvre, comment a-t-elle fait pour les avoir ? N'est-ce pas une simple mise en scène ?

– Christella ! Christella ! vous vous éloignez trop de la réalité. Croyez-vous que je sois apte à vendre mon sacerdoce au prix d'un plaisir charnel éclair, de sur quoi m'exhiber à poil en présence d'une fillette qui n'a certainement pas mon âge ? Ce serait trahir mon engagement à la vie de prêtre que je suis. Et cette fillette que je n'ai jamais vue nulle part ailleurs, a surgit inopinément sur mon passage sans avoir pitié de moi. Comment vais-je faire pour m'en sortir tant que je n'ai aucune preuve pour dédire cette accusation ?

– Soyez fort mon cher Emile. Dieu qui vous envoie en mission vous donnera les moyens pour mener à bien cette mission. Notre Seigneur Jésus Christ, n'a-t-il pas été dénudé de sa Seigneurie, bafoué et humilié devant les hommes ? Ceux qui l'ont accusé injustement ont reconnu sa toute puissance et son innocence qu'après sa mort. Ne nous rappelle-t-il pas d'être sans crainte, car il a vaincu le monde ? Dieu n'abandonne pas ses enfants et il nous rappelle qu'il est avec ceux qui cheminent dans la droiture. Il ne vous abandonnera pas mon cher Emile, il effacera les larmes qui coulent de vos yeux et enlèvera la sueur de votre front. Mais pour l'instant, supportez que l'on vous injurie et massacre votre identité.

Au sortir de chez Emile, les quelques paroissiens qui envahirent la cour de l'archevêché virent une jeune fille étrange dont le visage leur sembla méconnaissable. Les chuchoteries dégoulinèrent de tout sens. Les vieilles mamans, assidus au catholicisme et engagées dans les activités de la paroisse commencèrent à médire de l'abbé Emile. Car, disaient-elles, n'a-t-il pas pris conscience de ce que lui est arrivé ? Maman Générale, qui était une bibliothèque ambulante de l'histoire de cet archevêché, animée d'un zèle audacieux et présomptueux, s'écria d'une voix forte et interpellante.

– Emile, Emile, Emile ! N'as-tu donc pas pris conscience de ce que ces femmes ne viennent que pour lécher vos atouts… ? De cette manière, vous devenez des problèmes dans des paroisses. Observe-toi Emile, tu t'es fait saligoter par une jeune fille qui ne t'a pas suffit, et maintenant c'est encore un problème que tu nous emmènes au presbytère. Hrrr…

Le père Jean-jean, chancelier de monseigneur Lorenzo entendit les paroles acerbes de maman générale à l'adresse du jeune Emile, pris de honte et de colère, il se précipita à l'endroit où se déroula la scène puis rétorqua à maman Générale.

– Assez de paroles hautaines, vieille maman. Qu'a-t-il à harceler de vifs reproches l'abbé Emile. Certes, vous êtes une mère à qui nous devons respect, mais jamais nous ne tolérons que vous vous adressiez avec une telle arrogance à un prêtre. Ne devait-il pas recevoir de la visite ? Monseigneur Lorenzo a-t-il pris un décret interdisant aux prêtres de discuter avec les femmes ?

Le père Jean-jean, en plus de la chancellerie dont il avait la charge, un service qu'il assura avec beaucoup de force, courage et de discrétion, était en même temps curé de la cathédrale. Peu de temps après son installation, il se rendit compte que maman Générale était une dame imposante et inéluctable qui s'affichait dans presque tous les mouvements paroissiaux. Elle était la toute puissante, les enfants de chœur lui attribuèrent le vénérable titre d'impératrice et la cathédrale devint son empire. De la présidence de la chorale à la présidence du conseil économique et paroissial, en passant par le secrétariat de la Caritas paroissial, la présidence des fraternités féminines et pour finir marraine des enfants de chœur, élisa et yamboté, maman Générale, investie de toutes ces prérogatives, devenait un morceau de roche assis dans un verre d'eau. Aucune activité n'avait lieu en paroisse sans son approbation. Certaines haleines allèrent jusqu'à lui attribuer le majestueux tire de « monseigneur ». Toute décision prise par le curé de la paroisse était remise en cause par cette dame de fer. C'est elle qui décidait de la ration des prêtres, sanctionnait et embauchait des maitres-queux en cas de défaillance. L'arrivée du père Jean-jean donna une nouvelle image à la paroisse, il réorganisa sa pastorale et commença une nouvelle catéchèse. Il réussit à démystifier monseigneur Générale qui décida de jouer au dur avec ce prêtre franciscain. Les hostilités commencèrent dès cet instant, maman générale s'était lancée dans une guerre acharnée contre le nouveau curé de la cathédrale. Prier devenait un casse-tête pour elle et se rendre en paroisse un fardeau. Son seul désir était de rencontrer Monseigneur Lorenzo, le persuader de muter le père Jean-jean. Pendant que l'abbé Emile et son amie se rendirent au parking, maman Générale interpellée par les propos du père Jean-jean, riposta à la vitesse d'un mirage à celui qu'elle considérait comme un démon.

– Pour qui te prends-tu donc ? Espèce de prêtre importé. Essaie de te mirer un seul instant, ne t'es-tu pas trompé de chemin que de te réfugier derrière le sacerdoce ? Toutes ces femmes que voici ne veulent pas de toi ni de ton... (elle regarda violement Emile)... ni de ton psychopathe de soit disant abbé Emile, pédophile et sadique de son état... Je te promets que si jamais tu osais encore une fois de plus me mettre les bâtons dans les roues pendant que je m'exprime, tu regretteras le jour de ta naissance. Je te préviens...

Christella commença à perdre patience devant tous ces propos sarcastiques de maman Générale. Sa portière déjà ouverte, se referma pendant que Christella, d'un mouvement de pas, voulut s'engouffrer dans un règlement de compte pareil, l'abbé Emile la saisie de sa main gauche et tenta de la contenir. Elle prit son mal en patience et se retourna dans sa résidence. Jamais elle n'oublierait monseigneur Générale. Emile venait d'avoir la honte de sa vie, sa soutane humiliée et son identité de prêtre mise en cause, il se demandait si Générale avait agit en humain ou enfant de Dieu. Isolé dans sa chambre, il pensa à la méchanceté de cette dame et voulut faire un malaise.

VI

Quelques semaines s'écoulèrent, Lifoura-mba, arrosée par la petite pluie de la nuit exposait déjà ses beaux paysages à la vue des voyageurs. Les artères principales encore silencieuses furent envahis de brouillard rendant la circulation presque impossible. Toute la nuit durant, l'abbé Emile ne pu s'endormir. Son procès dû avoir lieu quelques jours avant, pour des raisons météorologiques, il fut ajourné. C'est aujourd'hui qu'il aurait lieu. Emile avait le soutien de tous ses confrères, des encouragements venaient de tout horizon. Son curé, l'abbé Louis Onka aurait bien voulu être aux côtés de son vicaire, mais Monseigneur Lorenzo lui confia une mission en Europe. À la levée du soleil, la triste nouvelle parvint à Emile, son père Kolo lopango venait de rejoindre la demeure du Tout-Puissant. Monseigneur Lorenzo, informé de cette disparition impromptue, fit envoyer un message au procureur lui demandant d'ajourner le procès. Emile traversait la période la plus martyrisée de sa vie. Il noircit, devint maigrichon et perdit quelques habitudes.

Kolo lopango s'en était allé avec grande tristesse de ne pas avoir revu son fils. Sa mort bouleversa les habitudes de Gelina et des populations de Biala.

A ses obsèques, tout le village s'était réuni pour lui rendre un dernier hommage. La veuve Gelina s'était faite arracher toute sa chevelure. De nuit, elle ne pouvait faire un pas de plus sans être accompagnée de sa belle famille. La douleur lui arrachait l'espoir de vivre. Elle fut traitée de tous maux, sorcière, voleuse, meurtrière. Ses belles sœurs aux habitudes méphistophélétiques lui faisaient subir le veuvage. Dépourvu de sa dignité et solitaire, elle avait été contrainte à s'allonger à même le sol toute la période durant. Se nourrir devenait un casse-tête pour elle. Abandonnée à elle seule et sous contrôle de sa belle famille, elle endurait le martyre. Tout le monde la prenait pour coupable de la mort de kolo lopango. Elle fut stigmatisée et soumise à des tests pour approuver son innocence. La case de son feu défunt fut verrouillée et Gelina n'y avait accès. Elle ne prenait de bain qu'en présence de madame Liliane Ongou, veuve depuis cinq ans. Elle ne mangeait et ne versait de larmes qu'en fin de journée et en présence de sa belle sœur. Son attitude triste et meurtrie, son accoutrement légèrement dénudé, lui firent perdre tout l'éclat de fille qu'elle avait. Elle n'avait droit à aucune parole et n'ouvrait sa bouche qu'en cas de nécessité. L'atmosphère devenait de plus en plus lourde au lieu des obsèques. Abordant la quarantaine, Gelina ne s'attendait à subir une pareille humiliation. Elle pensa à son fils Emile que l'église avait arraché à son affection. Ses cris et ses pleurs, qui déchiraient quelques fois le silence pesant, laissaient entrevoir la douleur qui prévaut en cet instant de rudes épreuves. Elle débutait et achevait sa journée dans une seule posture. Sa tête était couverte de voile et elle restait encadrée de ses collègues. Après la rencontre familiale, une somme colossale lui avait été exigée afin de procéder à la mise en terre de son défunt mari. Léa avait tout manigancé pour attirer l'attention de sa belle famille sur ses filles. L'espoir fut à son comble. Elle avait réussi à dénigrer l'abbé Emile. Le mobilier laissé par le défunt devint la propriété familiale et personne ne s'interrogea sur la part que revenait Gelina de droit, elle qui avait contracté un mariage devant l'officier de l'état civil à lifoura-mba.

Christella, après sa visite malencontreuse à l'archevêché de Lifoura-mba, se rendit à la ville capitale pour y faire quelques emplettes. Elle sillonna presque toutes les avenues d'emergency, le plus grand centre gastronomique de la ville. Ses mouvements interpellèrent Léondre qui naquit de l'union entre kolo lopango et l'honorable Alice. Dans sa jeunesse, Kolo lopango se rendait quotidiennement en ville pendant qu'il y travaillait encore. Il trouvait satisfaction à se lier d'amour avec toutes ses jeunes filles qui déambulaient les alentours du stade à la quête d'argent au prix de leurs corps. De cette manière, il rencontra Alice, une bachelière expulsée de la maison familiale, isolée et dépourvu de sa dignité, mise à la porte et abandonnée par sa famille après le décès de ses parents au cours d'un voyage. Alice survécu à ce tragique accident qui lui aurait couté la vie. Leur rencontre s'acheva dans un lit paradisiaque sans retenu, emportés par le plaisir charnel, Kolo lopango fit oublier à Alice tout le désespoir que lui réservait l'avenir. Jamais elle ne connut d'hommes à la docilité de kolo lopango. Un essaie un succès. Alice venait de tirer l'épingle du jeu et vit son ventre prendre du volume. Elle se rendit en Allemagne grâce aux efforts consentis par cet homme inconnu à qui elle livra son corps. De retour dans son pays natal, elle œuvra au secrétariat du ministère de la justice avant de se lancer dans la politique puis devint présidente de l'assemblée nationale.

Son fils Léondre, polyglotte, docteur en diplomatie et expert en outil informatique, naquit en Allemagne et décida de passer le reste de ses jours en Espagne. Agé de trente-et-un an, il n'avait jamais pensé à une progéniture. Aujourd'hui et soudainement, une jeune fille tirée des eaux d'Afrique, illuminée par le soleil de midi dont le parfum dévoilait la beauté des villages africains et la richesse de leur sol, une jeune fille qui présageait la bonté et le sourire de son foyer hallucinait déjà l'esprit de son admirateur. La peur est mauvaise conseillère. Léondre choisit la voix de l'audace et de l'héroïsme puis engagea le dialogue.

– Excusez-moi mademoiselle, pourrais-je vous être utile ?

– Désolé monsieur ! Je viens de passer plus d'une heure dans les couloirs de ce centre sans trouver ce qui m'a conduit ici. Je me sens épuisée et je dois m'en aller. Je suis navrée, veillez m'excuser.

– Permettez que je vous offre un verre, ça pourrait racheter vos énergies avant que vous ne rentriez chez vous.

– Puisque vous insistez, je suis d'accord avec vous, mais s'il vous plait ne me retenez pas pour longtemps.

Par de-là cette entrevue, se cachaient désir et passion, amour et intimité. La gentillesse de Léondre réussit à conquérir le cœur de cette charmante fille. Il alla rencontrer sa tendre mère Alice à qui il présenta sa future épouse. La précipitation devança les deux amoureux, et le soir de leur visite l'irréalisable tomba dans l'optisme. Christella ne parvint à maitriser ses impulsions devant l'irrésistible discours de Léondre, elle ouvrit son cœur à l'heureux du jour et oublia le pauvre Emile. Dieu avait-il préparé Léondre pour Christella ou Christella pour Léondre ? Cette nuit merveilleuse, était-elle le début d'une histoire authentique sans entrave ?

La mort de kolo lopango fit naitre des émeutes et disputes intenses. Djoly frère ainé de Gélina arriva de Madrid pour compatir à la douleur de sa sœur et assister son neveu Emile. En route pour Biala, il rencontra une fillette d'un physique imposant et séduisant. C'était Rosette, fille de Léa et ainée de Christella et Christelle qui se rendait à Biala dans un mouvement de stop imposé par la dictature du soleil torride d'Afrique. Le véhicule s'arrêta nette à quelques pas de Rosette, le radieux soleil de Biala empêcha à Djoly de sortir de sa voiture. La beauté du véhicule flambant neuf dénoua le mystère, le sourire grandiose de Rosette exposa sa conviction et le bonheur fut à son comble. Epuisé, Djoly fit une pause en cours de route et voulu se reposer à l'hôtel de la place. Il convia sa nouvelle amie à un repas avant de poursuivre le voyage. De leur discussion, enchantement, comédie et éclatement de rire mirent Rosette dans une posture de faiblesse. Ses clins d'œil firent appel aux charmes de son interlocuteur, la tentation y érigea un passage et le désir de couronner la rencontre bâtit son empire. A la demande de Djoly, une chambre luxueuse leur fut accordée, les deux amoureux se regardèrent avec appétence et promptitude. Pendant que Rossette caressait son ventre d'un mouvement de main, celle de Djoly inspectait déjà avec envie, l'admirable corps de sa convive qui frémissait à chaque papouille. Rosette voulut s'imposer un instant, mais son semblant de refus les plongea dans un monde inoubliable. Ils connurent ainsi leur amour pendant d'interminables minutes oubliant le deuil qui s'était imposé à eux.

Peu de temps après son séjour de travail dans la ville capitale, Christella rejoignit Lifoura-mba. A son arrivée, elle pensa à la figure emblématique de ce jeune prêtre qu'elle n'arriva à éloigner de ses idées. Elle voulut lui apporter un présent, mais se souvenant de maman générale, cette dame de fer, problématique et rancunière, elle convia l'abbé Emile à sa résidence. Celui-ci, optimiste, répondit à cet appel après quelques minutes d'hésitation.

Le lendemain, Emile se rendit à son rendez-vous toujours hésitant, il se questionna de ce que Christella tenait mordicus à le rencontrer.

– Christella, je suis heureux que tu sois revenue mais je ne compte pas rester longtemps avec toi, je dois me rendre à Biala, mon village natal pour assister à la mise en terre de mon père. J'ai un programme chargé et je n'aurais pas dû venir jusqu'à toi, mais me voilà en fin. Que me vaut l'honneur de cette invitation ?

Ce discours dérangea Christella qui le vit d'un regard belliqueux. Emile baissa ses yeux et se revêtit de peur. La chance qui se présentait était très mince pour Christella qui songea déjouer le programme d'Emile en usant d'une politique pour le persuader. Elle voulut s'exprimer en toute franchise, mais fit un contour de sa vérité.

– Je suis heureuse de vous revoir l'abbé Emile et je tiens à vous exprimer mon vif regret suite à la disparition de votre père. Je suis de cœur avec vous. Mais vous pouvez encore rester un instant si vous le souhaitez.

– Je suis navré mais l'impatience m'atteint déjà à la moelle épinière. Permets que nous ayant un temps d'échange à mon retour.

Christella ne résista pas toujours en face de l'abbé Emile, elle leva le voile cette fois-ci et d'un mouvement de pas, elle s'approcha du jeune vicaire de Saint Joseph. Tout se passa dans son fauteuil. Elle prit l'abbé Emile dans ses bras comme pour le consoler, et se mit à le caresser du dos. Ne redoutant de rien, Emile fit autant, mais lorsque les deux se relâchèrent, Christella passa la frontière et empêcha Emile de prononcer une parole de plus en posant ses lèvres sur les siennes, une comédie à laquelle le jeune prêtre se laissa faire. Au bout de quelques secondes de silence et de dialogue corporel, Emile retrouvant son habitude et se rappelant de ses engagements le jour de son ordination, s'arracha brutalement à l'étreinte de sa partenaire. Ses deux mains entrecroisées, il exposa une attitude de regret et reboutonna sa soutane noire.

– Honte à moi. Je n'aurais pas dû m'approcher de toi en cet instant de douleur. C'est ma faute, je n'ai pu résister à tes avances. Il faut que je m'en aille.

Christella le regarda toute contente. Sa bravoure de femme venait de lui donner ce dont elle avait tant recherché sans aucun succès. Le cœur d'une femme peut ruiner au tant d'avenir sans en éprouver aucun regret. Elle savait qu'aucune progéniture ne pouvait naitre de sa relation avec l'abbé Emile, son seul souhait était d'assouvir à ses besoins charnels. Emile se mit en route pour Biala accompagné de trois autres prêtres.

VII

Le corps sans vie de Kolo lopango avait démasqué l'inquiétude inénarrable qui déambulait le visage aride de sa bien-aimée Gélina, perdue dans ses pensées et isolée dans le voile nuptial qui venait de céder place au veuvage. Dans cette pénombre couverte de haine et de médisance, Gelina s'était fait arracher sa dignité et vider de ses droits. La situation évoluait de mal en pis pour cette jeune femme qui voulu à un moment imposer une résistance sans encombre à ce que sa belle famille appelait tradition ancestrale. Le respect du cadavre de son époux lui rappelait une certaine règle de soumission avant de se plier devant ce prétendu héritage sadique. La souffrance dépassant son entendement, aucune larme ne coulait de ses yeux pour dire un dernier adieu à son homme. Le sixième jour du décès de Kolo lopango, dépourvu de ses vêtements et exposée dans une case en présence de cette troupe constituée de vieilles dames, Gelina encaissait des coups de branches suivis de feuilles sèches le long de son corps. En cet instant, elle fit un arrêt cardiaque et ne se remit que quelques temps après. Ces vieilles dames ancrées dans la tradition, ignoraient qu'une vie était en danger, et l'interprétaient selon que la situation se présentait à elles.

– C'est elle la coupable de la mort de Kolo lopango. Ne voyez-vous pas que nos ancêtres ont pris les choses en main et la frappent convenablement ? Laissons-là payer le prix de sa méchanceté, nos aïeuls ne nous abandonneront jamais. Martela l'une d'entre elles.

Le dernier adieu de Kolo lopango réunit diverses délégations, venues de tout horizon, tous ceux qui l'ont connu de son vivant, les autorités politiques, militaires, et une délégation de prêtres accompagnée de l'abbé Raoul et du père Jean-jean. Son cadavre exposé en son domicile rappelait à tous que la mort restait impitoyable et incontestable, elle frappe qui elle et quand elle veut. Son but c'est de répandre le malheur, le désespoir, le chagrin et la tristesse dans la vie humaine. Devant son corps sans vie, de nombreux discours virent le jour, des paroles hautement vénérées, des mots de fraternité vinrent combler le fameux Kolo lopango dépourvu de ses sens et de son âme. De part et d'autres fusèrent les pleurs, les cris, l'étonnement, l'inquiétude et la douleur. Devant le cadavre endormi de son père, Emile ne pouvait se contenir et se fut effondré de larmes. Il n'a vu son père que le jour où il s'allongea sur la natte recevant des mains de monseigneur Lorenzo le sacerdoce de Jésus-Christ qui fit de lui son humble et éternel serviteur auprès de ses frères. Pendant la bénédiction du corps, sa présence restait primordiale, le père Jean-jean le fit appel pour un au revoir éternel devant la dépouille de son charmant père.

Son apparition et sa tenue de prêtre dénoua le mystère. Le bruit qui jusque-là fit couler beaucoup d'encre, et toutes ces accusations commencèrent à s'ériger un passage dans les affluents sauvages de Biala. Dans un temps de silence intérieur, Christella fit un malaise et ne comprit le scénario auquel elle venait de prendre part. Christelle et Rosette l'emmenèrent dans une salle isolée afin de comprendre ce mystère.

– Que se passe-t-il Christella ? Est-ce que tu vas bien ? (Demanda Rosette)

– Emile m'a menti (d'une voix fine et atténuante). C'est notre frère, il porte le même non que nous. Qu'ai-je fait Seigneur ?

– Emile ? Tu parles d'Emile ? Qui est-ce Emile ? Nous n'avions jamais eu de frère et tu le sais très bien. Comment peux-tu prétendre avoir un frère que toi seule connais de nous toutes ? Je comprends que tu as perdu la tête et ce n'est que normal en de moments pareils, mais tout ira bien dans peu de temps. Tu as intérêt à te reposer. Eh… de grâce n'oses pas te rendre au cimetière dans cet état.

– Pourquoi ne me croyez-vous pas ? Je le sentais depuis fort longtemps qu'un lien existait entre cet homme et nous. L'attraction était tellement forte que je me suis permise d'oser une… (Elle n'avait pas fini de parler quand d'un moment à l'autre apparait Léa qui l'interrompue).

– Christella, qu'as-tu ma fille ? Tout le monde s'inquiète de ton état. Que s'est-il passé ?

– Maman, elle ira mieux et nous devons lui laisser un peu de temps, elle en a besoin. (répondit Rosette).

Léa ne pouvait comprendre ce qui s'était passé. Elle savait par contre que toute vérité finirait par se dévoiler dans le temps. Elle se voyait déjà au bord de la côte et sa cupidité commença à s'étaler aux yeux de tous. Pendant que Rosette rejoignit la légion des pleureuses, Alice, femme imposante et autoritaire, observait la pauvre Gelina assise sans effectuer aucun mouvement. Bientôt le corps de Kolo lopango sera conduit en sa demeure éternelle.

Après l'oraison funèbre, la dépouille de Kolo lopango s'engagea sur un chemin parsemé de nid de poules, dans une complainte à fendre le cœur reprise en écho par des centaines de personnes aux yeux embués de larmes. Le cimetière de Biala était la destination finale de ce vieillard qui a majestueusement servi son pays pendant plus de soixante ans avant de prendre sa retraite. Le vénérable Kolo Lopango reposait désormais auprès des siens, son passage sur la terre des vivants ne restera plus qu'une histoire, un moment inoubliable pour Gélina qui lui avait donné un fils. Désormais, le corps de Kolo Lopango recouvert de poussière ne se manifestera plus jamais dans un monde abominable comme le nôtre.

A la fin des obsèques, la tristesse disparue des yeux de Léa qui attendaient impatiemment une part de l'héritage de kolo lopango. Les délégations qui assistèrent à ce moment déplorable, trouvèrent à quelques endroits de Biala un moyen de se remuer la gorge. Epuisé, Emile s'était assis dans un fauteuil se rappelant les moments passés en compagnie de son père, il voulu se rendre à la rencontre de sa tendre mère afin de la consoler. Djoly qui venait d'apprendre toutes les souffrances qui ont dépouillées sa sœur de son humanité, ces pratiques ignobles et macabres qui poussèrent Gélina à frapper à la porte du malheur, s'en alla à la vitesse d'un mirage retrouver son neveu Emile à qui il fit part de cette abomination. La sagesse de ce jeune prêtre, sa disponibilité à tendre l'oreille et sa patience stupéfièrent son oncle qui ne le reconnu presque plus.

– Neveu, n'oublie pas que nous sommes à une autre époque et nos traditions doivent être vues autrement. Une tradition qui ne contribue pas à l'épanouissement de l'homme, il faut la repenser. Dois-je te rappeler que dans ce qu'a enduré ta pauvre mère, il eut un règlement de compte que certainement ni ton père de son vivant, ni ta mère ne t'ont raconté l'histoire. Mais tu es assez grand et il est de ton droit de questionner ta famille et de savoir ce qui a été caché aux tréfonds de nos cœurs.

– Mon Oncle, je dois vous laisser entendre que le moment de traiter de cette affaire de tradition ne s'est pas encore présenté à nous. Nous avons encore un sérieux problème qui demande notre transparence et ouverture de l'esprit afin de mettre fin à cette guerre dans laquelle nous nous sommes engagés. Papa s'en est allé, puisque sa mort ne résout pas le problème, c'est moi qu'on cherche à abattre sans que je ne sache pourquoi la famille de papa veut-elle que je tire ma révérence ?

En cet instant de conversation entre Djoly et son neveu, surgit Christella dont les yeux dévoilaient déjà une certaine accalmie. Son regard imbu de regret lui imposa une posture devant celui qu'il prétendait être son frère de sang. Dans sa chaise, Emile senti une main tendre minoucher son oreille droite, c'était elle la désse, la charmante Christella qui vint à la rencontre de ce jeune prêtre accompagnée de sa sœur Rosette.

– Christella ! Que fais-tu ici ? Tu ne m'as jamais dit que tu venais m'assister. Mais pourquoi es-tu dans cet état de délabrement, cheveux défaits et ton corps remplit de poussière ?

– Emile, je crois qu'on a se dire. Je pense que quelque chose cloche entre nous, il nous faut tirer ça au clair.

– Voudrais-tu vraiment me voir Christella ? Permets que je finisse avec mon oncle et je serais à toi.

– Ton oncle ? Ce monsieur assis, est ton oncle ? (demanda avec insistance Rosette). Que se passe-t-il ici ? Quelqu'un peut-il nous expliquer ce scénario ?

Djoly ne se rappelait d'aucune de ces filles en dehors de Rosette avec qui il s'était amouraché dans le lit de l'hôtel Léondre Palace. La situation devint difficile et parvint aux oreilles de Léa qui en imaginait déjà les conséquences. Etait-elle responsable de ce qui allait se passer ? Avait-elle pensé aux conséquences de cette vérité qui commençait à voir le jour ?

La curiosité de Christella et son univers de femme commencèrent à démasquer le plan macabre de Léa qui fut mise en confiance par Victoria. La case de Kolo Lopango étant verrouillée jusqu'à nouvel ordre, Victoria s'était permise d'y accéder dans le but d'avoir entre ses mains, le testament laissé par son frère et dilapider tous ses biens. Dans la cour et dans tout le village d'ailleurs, le bruit accourrait de partout, tout le monde se précipitait vers la case de Kolo Lopango, d'aucuns crurent que Gélina venait de craquer. On assistait à un mouvement tumultueux qui entassa un nombre important de jeunes filles et garçons ayant dans leurs mains, des morceaux de bois et de roches. Ce mouvement était prêt à mettre un terme à l'existence de la belle famille de Gélina si cette dernière avait trouvé la mort.

Christella et Rosette allèrent trouver leur mère qui voulu disparaitre à l'instant. L'interrogatoire menaçant de ces filles fit porter la croix à Léa. Papa le blanc, informé de ce vacarme fit réunir toute la famille avant que l'on ne procède à l'ouverture de la case de Kolo Lopango. Prenant la parole, il décida de rompre avec le silence qui le tenait pour coupable d'ailleurs.

– Nous avons tous appris le bruit qui accoure les artères de notre village et même de notre pays. Notre famille vit une période difficile, de crises et de tentions énormes sans que nous sachions que la vérité existe. Je tiens à vous présenter mes excuses de ne pas être rentré aussitôt que prévu à cause du manque de quelques documents administratif qui me mirent en situation d'irrégularité. Enfin de compte, nous voici en famille. La situation que nous traversons, nous oblige à chacun de prendre une part de responsabilité devant l'histoire et devant la progéniture du feu Kolo Lopango. Emile, l'abbé Emile que voici est l'unique fils de Kolo Lopanga et de Gélina la veuve.

Cette rencontre eut un coup de tonnerre dans le cœur de Christella. Elle se senti coupable d'une chose, vouloir entrainer dans son lit un jeune homme innocent à qui elle voulait donner tout son cœur. Rosette ne comprit pas encore la conséquence de son désir charnel, elle qui s'était laissée séduire à première vue par son oncle Djoly. Christelle, ayant découvert le lien avec Emile, s'écria d'une voix forte qui indisposa toute la famille.

– Maman, tu m'as dupé ! (elle versa quelques larmes). Maman pourquoi m'as-tu fait une chose pareille ? Ce prêtre contre qui nous avions déposé la plainte était mon frère. Pourquoi une telle méchanceté. Honte à toi maman et que le jour de ma naissance soit maudit. Tu en auras sur ta conscience.

– Quoi Christelle, que racontes-tu ? Tu as accusé faussement ton frère d'avoir abusé de toi alors que vous ne vous êtes jamais vus. Tu as même témoigné des faits devant le commissaire avec une preuve en main. Comment as-tu fait ? S'interrogea Christella.

– Maman m'a dit que ce prêtre, qui aujourd'hui est notre frère, était la cause de son divorce avec papa et elle voulait lui faire payer tout ce qu'il a fait. C'est ainsi que maman m'utilisait pour exécuter son plan satanique, je ne sais à quel prix.

Les pourparlers n'avaient pas encore pris fin, lorsque Rosette se précipita à la porte dans le seul but de rendre. A son retour, Papa le blanc voulut qu'elle soit ouverte à tous. Les actes qu'elle posait et son corps qui se développait déjà autrement, commencèrent à laisser apparaitre quelques soupçons. La joie fut à son comble, Rosette se sentait heureuse de porter désormais un fœtus en son sein, mails elle ignorait encore la vérité qui allait surgit de la bouche d'Emile. Elle se précipita à annoncer la bonne nouvelle, elle était grosse et son époux était certainement parmi eux. De qui s'agissait-il ?

– Rosette ma fille, s'inquiéta Papa le Blanc, peux-tu dire à tous qui est le responsable de cet enfant ?

Elle traina son regard dans la salle pénombre et ses yeux ne trouvèrent le responsable de cette grossesse. Aussitôt, débarquèrent dans la pièce, Léondre, Alice et Djoly.

– Ah, le voilà ! Le père de mon enfant. Mon charmant et doux Djoly, celui que j'aime tant.

– Scandale, quel scandale ! Rosette, tu as cédé aux séductions de ce monsieur, mais c'est une abomination ! Il s'agit de mon oncle Rosette et tu t'es livrée à lui ! Lança Emile.

Papa le Blanc essaya de calmer les tensions et voulu rattraper son oublie. Le visage de Léondre lui était très familier. Lors de son séjour à Paris, Papa le Blanc fit la connaissance d'Alice qui lui parla de son aventure avec Kolo lopango. A partir de cet instant, il découvrit que son frère en plus de l'abbé Emile, eut Léondre pour fils. Il fit taire le bruit qui résonnait dans la pièce et se permit de dévoiler le visage de Léondre. Le regard pantois de Christella sillonnait déjà les yeux fins de Léondre dans une attitude de culpabilité, les larmes qui coulèrent de ses yeux scrutaient à pas d'escargot la conséquence de ce qui allait être dévoilé. Elle fit une rétrospection et se senti profondément atteinte par les actes posés lors de son séjour dans la ville capitale. Emile ne fit aucun mouvement de là où il se trouvait, il restait ocieux et se rendit compte du scandale que venait de causer la méchanceté de Léa et l'erreur de son feu père. Papa le blanc venait de creuser le passé odieux entre Léa, Gélina et Kolo Lopango.

– Mes enfants, l'histoire finit par s'accomplir avec le temps qui nous précède toujours. Je me trouve incapable de vous dire qui est-ce cet homme assis à ma gauche. Sa mère s'appelle Alice, l'actuelle présidente de notre assemblée nationale qui fut le cœur de votre père.

Christella interrompu ses propos sans lui donner une seconde chance de poursuivre son allocution.

– Voulez-vous dire que cet homme est lui aussi notre frère ? Comment est-ce possible ?

– En effet Christella, Léondre est votre frère aîné, le premier fils qu'a eu votre père dans ses délires juvéniles, bien avant votre venue dans notre monde. Il est né en Allemagne et actuellement réside en Espagne.

– Oh Seigneur ! épargne-moi de cette maudite famille (elle se prosterna devant Léondre dans une attitude de soumission et de repentance). Seigneur pourquoi nous avoir laissé subir un tel châtiment ? Avec Emile ne suffisait pas et me voilà maintenant enceinte de Léondre, mon frère de sang. La vie n'a plus aucun sens pour moi. Papa sera responsable de ce qui va m'arriver et je lui en demanderai des comptes quand je serai en face de lui. (Elle se rendit dans la cuisine avant d'être rattrapée par Léa sa mère).

Pendant ces échanges, Victoria n'avait cessé de martyriser la veuve Gélina qui avait pris un temps de repos après toute cette période de pratiques inhumaines. Elle poursuivit la veuve dans la cellule où elle avait été conduite pour se ressourcer humainement. Sa cupidité atteignit son apogée et sa haine pour Gélina arriva au bout du gouffre. Elle avait découvert que le testament laissé par son frère était attaché au bout du pagne que portait Gélina et décida de le récupérer pour tenir à sa promesse faite à Léa. La cellule dans laquelle se trouvait Gélina était couverte de pailles et de terre argileuse. D'un coup de bâton, Léa bouscula le réveil de Gélina qui sursauta de sa natte et la menaçait de garder le silence au risque de sa vie.

– Je ne suis pas venue te faire du mal, je te supplie juste de me donner ce qui appartient à mon frère, ce que tu possèdes en cet instant et je te laisserai en paix.

– Je n'ai rien de ce qui appartient à ton frère. Maintenant tu dois partir avant que je ne crie au scandale.

– Veux-tu me menacer ? M'as-tu oublié Gélina ? D'accord tu dois comprendre que sans ce papier je ne bougerai pas d'ici. Salle conne, sorcière de femme et voleuse de mari.

Les hostilités s'éclatèrent entre les deux femmes dans la chaleur que dégageait la cellule. Gélina décida d'imposer une résistance à Victoria qui ne pu s'en sortir que grâce à un morceau de roche qu'elle appliqua sur la nuque de la malheureuse veuve. Le désespoir qui frappait à la porte trouva enfin satisfaction. La tendre mère d'Emile perdit connaissance et laissa éparpiller à la surface son sang qu'elle n'a jamais vu depuis dix huit ans. De sa fine voix qui déjà s'enchainait dans le monde de l'au-delà, prélude à sa rencontre avec son défunt mari, elle prononça une dernière parole. Personne ne s'était rendu compte de la tragique bataille qui ouvrit les portes du chemin éternel à cette dame innocente. Victoria observa sans le moindre cœur sa victime se débattre entre la vie et la mort. Elle arracha le fameux testament et pris la poudre d'escampette.

Dans la salle qui réunissait toute la famille, Christella voulu mettre fin à ses jours devant le regard coupable de sa mère. Emile prit son sac et demanda à regagner l'archevêché de Lifoura-mba dans un climat de regret et de silence inouï.

– Où partez-vous abbé Emile ? interrogea Léondre son frère.
– Je m'en vais prendre un peu d'air ailleurs Léondre.

Papa le blanc resta pantois. Il ne comprit pas l'attitude que leur présentait le jeune prêtre qui venait de porter la croix. Depuis son arrivée au lieu mortuaire, il n'a vu sa mère que deux fois et voulait encore une fois de plus la revoir avant de reprendre la route. Un vacarme fit son écho dans la cour de Kolo Lopango annonçant un message suffoquant et triste. Liliane, cousine de Victoria vint annoncer ce malheur dans une marée de larmes qui s'abattait sur tout son visage.

– Emile, mon père Emile, maman Gélina n'est plus de ce monde, je l'ai retrouvée morte dans la case où elle se reposait.

– Que racontes-tu jeune fille ? As-tu bien vérifié ton information avant de l'annoncer ? questionna Djoly.

– Elle est morte saignant de sa tête. Quelqu'un lui aurait donné un coup de roche pour lui arracher la vie. C'est tout ce que je peux vous dire.

Cette triste nouvelle dérangea l'abbé Emile, il se senti abattu et déboussolé. Son visage émacié devint soudainement éclairé, il ferma les yeux et se pencha vers la gauche, main contre sa poitrine. Il se fit asseoir et respira avec peine. Emile seul ne comprit pas ce qui lui arriva, il perdit sa voix et son mal de cœur s'intensifiait à chaque seconde qui s'écoulait. Un flot de larmes envahit son pauvre visage. Ses yeux rivés sur Christella semblèrent lui apprendre une parole mais le manque de force ne lui fit pas exception. Dans une attitude de recueillement, il implora la miséricorde divine sur ses sœurs et frères, demanda à Christella et Rosette de veiller sur leurs enfants qui vont naitre. Son dernier mot s'échappa très faiblement de sa bouche, je vous demande pardon et demeurez toujours dans la paix. Emile fit un arrêt cardiaque et ferma ses yeux pour le voyage éternel, le premier et le dernier de sa vie. Emile s'était endormi benoitement d'un sommeil profond dans la chaise qui était désormais sienne, son esprit voguant au-delà des cieux, à la rencontre du Tout Puissant.

Victoria se retrouva désormais à Lifoura-mba après avoir commis l'ignoble crime de sa vie. Ne regrettant aucun de ses actes, elle se sentait heureuse de posséder enfin l'héritage de son frère qu'elle pourrait partager avec Léa sa complice. Elle ouvrit la note arrachée violement des mains de Gélina et se rendit compte qu'il s'agissait de la dernière lettre de Kolo Lopango à son fils Emile, une note dont le contenu dévoilait minutieusement l'histoire cachée que venait de déterrer Papa le Blanc. Elle se jeta dans la terre et se déshabilla. La maladie venait de la surprendre. Victoria devint folle et perdit toutes ses facultés humaines.

Monseigneur Lorenzo apprit la mort brusquée de son jeune prêtre ainsi que l'abbé Onka et la nouvelle se répandit dans tous les villages voisins de Biala. Les mains tremblantes, Monseigneur Lorenzo tituba jusque dans son salon. La mort venait de frapper son clergé et laisser un grand vide dans le diocèse de Lifoura-mba qui comptait sur les atouts du jeune Emile. Le prélat scruta l'horizon d'un regard absent, quand une grosse boule lui nouait subitement la gorge. Il parvint à dire, d'une voix morte et triste :

– Vraiment ce petit était un innocent qui a assumé humblement ces fausses accusations contre son humanité. Nous venons de perdre un authentique serviteur à fleur d'âge. Daigne le Seigneur t'accueillir dans son royaume mon fils…

yes

I want morebooks!

Buy your books fast and straightforward online - at one of world's fastest growing online book stores! Environmentally sound due to Print-on-Demand technologies.

Buy your books online at
www.morebooks.shop

Achetez vos livres en ligne, vite et bien, sur l'une des librairies en ligne les plus performantes au monde!
En protégeant nos ressources et notre environnement grâce à l'impression à la demande.

La librairie en ligne pour acheter plus vite
www.morebooks.shop

KS OmniScriptum Publishing
Brivibas gatve 197
LV-1039 Riga, Latvia
Telefax: +371 686 204 55

info@omniscriptum.com
www.omniscriptum.com

Printed by Books on Demand GmbH, Norderstedt / Germany